BARACK OBAMA
In His Own Words
a Fat Pencil LLC

本人自らの発言だからこそ見える真実

バラク・オバマの生声《なまごえ》

リサ・ロガク=編　三宅智子=訳

文響社

生声とは

生声《なまごえ》とは、
その人物がインタビューや演説などで発した
ありのままの言葉である。

本シリーズは、
世界に影響を与える人物の素顔と、
その哲学の核心を、第三者による脚色がない、
純度の高い言葉を通してお届けする。

序章

リサ・ロガク

目は心を映し出す鏡だと言われる。一方で、その人の発する言葉にこそ真意が表れると信じて疑わない人もいる。

本書『Barack Obama in his Own Words』の初版本が２００７年春に出版された当時、イリノイ州の上院議員１期目だったオバマはほとんど無名の存在だった。唯一知られていたのは、２００４年の民主党全国党大会で披露した感動的な基調演説だけだった。この党大会においてオバマは圧倒的な存在感を放っていた。本来なら、その年の大統領候補者であるジョン・ケリーが最も注目を集めるべきところを、オバマが見劣りさせてしまうほどだった。アメリカが直面している問題に対し、オバマはどのような姿勢を取るのか。彼に関心を持つ人たちにそれを伝えるべく、初版本には数々の言葉が引用された。

2008年になってみると、1年余りでこんなにも状況が変わるものなのかと驚かされることになる。大統領予備選挙が本格的に始まった当初は、オバマの言葉選びや表現方法が彼の選挙運動にとってこれほどまでに重要になろうとは、誰も予想だにしなかった。ほとんどの候補者が公約によって有権者の関心を集める中、オバマは一味違っていた。発言内容だけでなく、その巧みな話術によっても注目を集めたのだ。私がオバマの話す姿を初めて目の当たりにしたのは、本書の初版本が出版された数か月後のことだった。その時、彼はニューハンプシャー州の法廷弁護士年次会合の基調演説者を務めていた。彼の話しぶりは、まるで聴衆と対話をしているかのようだった。決して一方的な話し方ではないのだ。そして事前に準備することなく即興で話しているように見えた。持参していた1枚の用紙を参照する様子も見られたが、それもごくまれだった。オバマは自虐的な口調で弁護士としての生活に何度も言及し、聴衆からは共感するようにクスクスと笑い声が漏れた。要するにオバマは、弁護士たちを相手に、1人の弁護士として話をしていたのだ。部屋の中を見回すと、みんな魔法にかけられたように聞き入っていた。まさに一言一句に耳を傾けている、といった様子だった。

世間が気づくのも時間の問題だった。オバマの発言は、お決まりの答えしか返ってこないような他の候補者よりも思慮深く、知性が感じられる。その結果、彼はすぐに注目を浴びることとなった。他の候補者たちも負けじと言葉遣いを工夫してみたり、スピーチの仕方を変えてみたり、懸命に張り合った。しかし、彼らにはオバマのような言葉選びの才能がないことは火を見るよりも明らかだった。

オバマは話すことに秀でているだけでなく、文章を書くことにも卓越している。46歳までに2冊の自伝を出したが、ゴーストライターに頼らず彼自身の手によって書き上げたもので、とてもよくできている。それらの本は、オバマの持ち味であるエネルギッシュな演説とは趣を異にする。当然のことながら、日曜礼拝の牧師のような声の抑揚もなければ、周囲を巻き込むような勢いもない。しかしそこに書かれた言葉の数々は、彼の口から出る言葉と大差なく、心を惹きつけるものだった。

優れた話術によって脚光を浴びる一方で、厳しい視線にさらされることもあった。それも他人の発言がきっかけになることが多かった。最も顕著な例は、ジェレマイア・ライト牧師の発言だろう。しかし、いかなる場合においても、その話術によって私たちを驚かせてくれるのがオバマである。例えば、前述のライト牧師の雄弁を受けてのこと。オバマ上院議員は、多くの人が不快に思うであろう内容についてあえて語ることで、その難局に真正面から立ち向かった。彼の転機となった演説「A More Perfect Union」の中で、人種問題について声を大にして言ったのだ。

「私はライト氏と縁を切ることはできません。それは、私が白人の祖母と縁を切ることができないのと同じです。祖母は私を育ててくれました。この世の中で祖母が愛したものすべてに劣ることなく、私を愛してくれました。しかしそんな祖母でさえ、路上ですれ違う黒人男性に恐怖を感じると私に打ち明けたことがあります。祖母が人種や民族に対する固定観念を口にし、気まずい思いをしたことも1度や2度ではありません」とオバマは述べた。

アメリカでも珍しいタイプの大統領候補者だった。政策要綱宣言の際にも見事な弁舌を振るった。そして国民は熱狂的な反応を示してきたのだ。先ほどの演説を、マーティン・ルーサー・キングの演説「I Have a Dream」と比較する向きもある。オンラインメディア『Huffington Post』のロバート・クリーマーの言葉を借りるなら、この演説1つで、「オバマこそが夜中の3時にホットラインに出てほしい男だということをアメリカに示した」ことになる。何よりもオバマは、他の政治家たちとは違って、聴衆を見下したような態度で物を言ったりしない。大人に向かって、きちんと大人に対する口調で話すのだ。3歳児に語りかけるような言い方はしない。

この『Barack Obama in his Own Words』の第2版では、いくつかの引用文を新たに収載している。２００８年春の人種に関する演説をはじめとした有名なスピーチからも、さらに多くの引用をしている。出来上がった本は、諸問題に対するオバマの考えを知るための手引きとなるだろう。また、２００８年の選挙戦におけるオバマの発言集にもなっている。

予備選挙の期間中に初めて広く注目を集めるようになって以来、オバマ次期大統領についての本が相次いで出版されたが、この『Barack Obama in his Own Words』の第2版は、オバマがアメリカ大統領の座を勝ち取った後に増補改訂されたものである。

PART 2 熱弁 2005

PART 3 新風 2006 1-9

PART 4 参戦

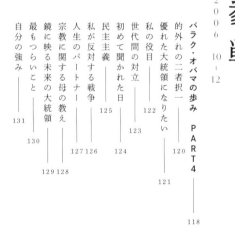

2006 10-12

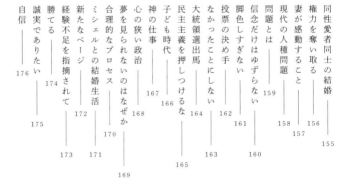

PART 5

変革

2007-2008

PART 1

挑戦

1995-2004

ケニア人男性とアメリカ人女性の間に
生まれたバラク・オバマ。
複雑な家庭環境に
悩んだこともあったが、
ハーバード・ロースクールに学び、
弁護士から政治家への道に
挑戦する。

バラク・オバマの歩み PART1

1961
8月4日、アメリカのハワイ州ホノルルでバラク・フセイン・オバマが誕生。父親バラク・オバマ・シニアはケニア出身の黒人でイスラム教徒、母親アン・ダナムはアメリカのカンザス州出身の白人。

1964
前年から別居していた両親が離婚し、母親に引き取られる。父親は博士号を取得するためハーバード大学へ通い、最終的にケニアへ帰国した。

1967
インドネシア人と再婚した母親とともにインドネシアのジャカルタで暮らす。

1971
単身ハワイに戻り、母方の祖父母と暮らす。

1979
高校を卒業。カリフォルニア州のロサンゼルスにあるオクシデンタル大学に入学し、2年間学ぶ。

1981
ニューヨーク州に移り、コロンビア大学に編入。

1982
バラク・オバマ・シニアがケニアで交通事故により亡くなる。

1983
コロンビア大学を卒業し、政治学の学士号を取得。卒業後は一般企業に1年間勤務。

1985
イリノイ州のシカゴに転居。職業訓練事業に関わる非営利団体に参加し、地域社会活動に携わる。

1988　マサチューセッツ州のハーバード・ロースクールに入学。『ハーバード・ロー・レビュー』誌の編集長をアフリカ系アメリカ人として初めて務める。

1991　「magna cum laude（学業成績優秀者）」の称号を得てロースクールを卒業し、法務博士の学位を取得。シカゴに戻り、非営利団体とともに地域事業を継続。公民権専門の弁護士として有権者登録活動に従事するとともに、シカゴ大学ロースクールで講師として憲法学の講義を担当。

1992　10月3日、ミシェル・ロビンソンと結婚。

1995　7月、自伝『Dreams from My Father』が出版される。
11月7日、アン・ダナムが亡くなる。

1996　シカゴのサウス・サイドの選挙区からイリノイ州議会上院議員選挙に出馬し、当選。

1998　7月、長女マリア誕生。

2001　6月、次女サーシャ誕生。

2004　イリノイ州選出として連邦上院議員選挙に出馬し、一般投票の70％もの票を集めて当選。連邦上院議員として史上5人目のアフリカ系アメリカ人となった。

黒人のアメリカ人とアフリカ

黒人のアメリカ人は、アフリカという国とずっと曖昧な関係を保ってきました。今日では、私たちはケンテ[1]を身に着け、クワンザ[2]を祝い、ネルソン・マンデラのポスターを壁に飾っています。しかしいざアフリカを訪れると、見かけほど平和で友好的な場所ではないことを知り、大いに失望することになりかねないのです。

『Crisis』誌　1995年10月

1）ガーナの民族衣装。
2）アフリカ系アメリカ人の行事。

Black Americans have always had an ambiguous relationship with Africa. Nowadays, we wear *kente* cloth, celebrate Kwanza and put up posters of Nelson Mandela on our walls. And when we travel to Africa and discover it's not all sweetness and light, we can end up deeply disappointed.

世界は人種が入り混じり、（ゆくゆくは）ブラジルのようになるでしょう。アメリカの複雑さも増す一方です。アメリカにおける黒人と白人の間のカラー・ライン[3]は、もはや問題にされなくなっています。そのことがさまざまな障壁を打ち破ってくれることでしょう。

『Crisis』誌　1995年10月

3）皮膚の色による差別。

The world will [eventually] look more like Brazil, with its racial mix. America is getting more complex. The color line in America being black and white is out the window. That does break down barriers.

さまざまな口実

（インドネシアに住んで）思い知ったのは、人種差別はほかの権力濫用の延長だということです。その国に住んだことで学びました。人間はお互いを抑圧するためなら、人種以外にもさまざまな口実を見つけられるのです。

――『Crisis』誌 1995年10月

[Living in Indonesia] made me realize that racism was an extension of other abuses of power. Living there you learned that people can find excuses other than race to oppress each other.

戦おうではありませんか。

中東における、私たちの言わば同盟国であるサウジアラビアとエジプトが、国民を迫害し、政府に反発する人を抑圧し、腐敗と不平等を黙認し、経済政策に失敗しているのです。

それを阻止しなければ、結果として、若い世代が教育を受けられず、将来への展望も希望もないまま大人になり、テロ組織の一員となっていくのです。

――シカゴでの反イラク戦争集会でのスピーチ
２００２年10月26日

Let's fight to make sure our so-called allies in the Middle East, the Saudis and the Egyptians, stop oppressing their own people, and suppressing dissent, and tolerating corruption and inequality, and mismanaging their economies so that their youth grow up without education, without prospects, without hope, the ready recruits of terrorist cells.

戦争がもたらすもの

戦争の結末は悲惨なものです。計り知れないほどの犠牲を伴います。私たちは生涯の中で、自由を守るために再び立ち上がる時が来るかもしれませんし、戦争の報いを受ける時が来るかもしれません。しかし私たちは、その地獄のような道をやみくもに進んでいくべきではありませんし、そうするつもりもありません。そして断じて許してはならないのです。戦地へ赴き命を捧げる人たちや、自らの血をもって最大限の献身を示す人たちが、無駄に大きな犠牲を払うことを。

――シカゴでの反イラク戦争集会でのスピーチ
２００２年10月26日

The consequences of war are dire, the sacrifices immeasurable. We may have occasion in our lifetime to once again rise up in defense of our freedom, and pay the wages of war. But we ought not—we will not—travel down that hellish path blindly. Nor should we allow those who would march off and pay the ultimate sacrifice, who would prove the full measure of devotion with their blood, to make such an awful sacrifice in vain.

私の母は、褒められたら否定しないようにと教えてくれました。

――オンライン誌『The Black Commentator』へ寄せた書状
2003年6月19日

My mother taught me not to reject a compliment when it's offered.

すべてのアメリカ人の平等な権利という目標を忘れてはいけません。雇用差別禁止法案を通すために戦い続けなければなりません。ヘイトクライム関連法を積極的に展開し、これらの法律がどのように施行されるか注意深く見守っていかねばなりません。養子縁組の権利をさらに拡大し、50州すべてにおいて安定して円滑に認められるようにしなければなりません。そして米軍に対する「聞くな言うな」政策[4]を撤廃しなければなりません。

――LGBTQ新聞『Windy City Times』
2004年2月11日

4）性的指向を隠し通すことを条件に、同性愛者にもアメリカ軍へ入隊する権利を認める政策。

We must be careful to keep our eyes on the prize—equal rights for every American. We must continue to fight for the Employment Non-Discrimination Act. We must vigorously expand hate-crime legislation and be vigilant about how these laws are enforced. We must continue to expand adoption rights to make them consistent and seamless throughout all 50 states, and we must repeal the "Don't Ask, Don't Tell" military policy.

私が黒人であることは
疑いようがありません。
ニューヨークでタクシーを
つかまえるのに
苦労しますから。

――ラジオ番組「Tavis Smiley Show」 2004年3月29日

I'm certainly black enough to have trouble catching a cab in New York City.

私の仕事

私の仕事は人々を鼓舞し、この国を自分たちのものにしようという気持ちにさせることです。政治はビジネスではありません。使命です。人々の生活をよりよいものにするためのものです。

――『Essence』誌　2004年3月

My job is to inspire people to take ownership of this country. Politics is not a business. It's a mission. It's about making people's lives better.

いまの政権は、力のある人たちを、力のない人たちから守ることが政府の役割だと信じています。

『New Yorker』誌　２００４年５月31日

We have an administration that believes that the government's role is to protect the powerful from the powerless.

教職とは

教職という立場は常に頭を使います。憲法を教えることの大きな利点は、あらゆる厄介な質問を突きつけられることです。妊娠中絶、同性愛者の権利、差別撤廃措置[5]など。そして問題を両方の側面から論じる力が必要です。つまり自分とは反対側の視点からも論じることが求められるのです。例えばスカリア[6]のような視点からもです。それは自身の政治的価値観を形成する上で有益なことだと思います。

――『New Yorker』誌　2004年5月31日

5）オバマはロースクールで憲法学を教えていた経験がある。
6）保守派の判事。

Teaching keeps you sharp. The great thing about teaching constitutional law is that all the tough questions land in your lap: abortion, gay rights, affirmative action. And you need to be able to argue both sides. I have to be able to argue the other side as well as Scalia does. I think that's good for one's politics.

政治的見解を述べる際に否定的な発言ばかりしていると、ひねくれた見方をする人が増え、政治に関心を持たなくなっていくでしょう。そうなると、特定の利害関係者が入り込む余地が生まれ、彼らにとって都合のいい政策を通すことを許してしまいます。そして結局、製薬会社が医薬品政策を、エネルギー関連企業がエネルギー政策を、多国籍企業が貿易政策を作るようになってしまうのです。

――『New Yorker』誌　2004年5月31日

If you make political discourse sufficiently negative, more people will become cynical and stop paying attention. That leaves more space for special interests to pursue their agendas, and that's how we end up with drug companies making drug policy, energy companies making energy policy, and multinationals making trade policy.

アメリカのリーダーシップは、人類の進歩にとって非常に大きな役割を果たしてきました。世界中で着実に発展している民主主義や自由主義経済は、私たちの不動のリーダーシップと理想の力を物語っています。今日私たちが直面しているのは、過去に例を見ない、途轍もなく大きな問題です。特にテロの脅威は、立ち向かわねばならない難題と言えます。いまアメリカにとって何よりも重要なのは、

American leadership has been a mighty force for human progress. The steady march of democracy and free enterprise across the globe speaks to the steadfastness of our leadership and the power of our ideals. Today we face new and frightful challenges, especially the threat of terror. Never has it been more important for America to lead wisely, to shrewdly project power and wield influence on behalf of liberty and security.

自由と安全のために賢明に世界を導くこと、権力を明確に示し、変化をもたらすことです。残念なことに、我が国がかつて保持していた大きな影響力は、いまや失われつつあるのかもしれません。間違った政策と、性急な軍事行為の代償です。アメリカ合衆国はいま、かつてないほどの力を手にしています。しかし、かつてないほど世界への影響力を失っているのです。

――シカゴ外交問題評議会でのスピーチ　2004年7月12日

Unfortunately, I fear our once great influence is waning, a victim of misguided policies and impetuous actions. Never has the U.S. possessed so much power, and never has the U.S. had so little influence to lead.

アフリカ系アメリカ人のコミュニティ

民主党はアフリカ系アメリカ人の有権者から支持されて当然とは思っていません。共和党員には、アフリカ系アメリカ人の票を得るために争ってほしいと思っています。アフリカ系アメリカ人が共和党に投票しないのは、偏見からではありません。民主党が公民権、投票権、労働者世帯への配慮などについて、一貫して擁護してきたからです。これらはアフリカ系アメリカ人の有権者にとって最大の関心事なのです。

――テレビ番組「Meet the Press」 2004年7月25日

I don't think the Democratic Party takes the African-American voters for granted. I want Republicans to compete for the African-American vote. They're not getting the African-American vote not because African-Americans aren't open-minded, but because Democrats have consistently championed those issues— civil rights, voting rights, concern for working families—that are of greatest concern to African-American voters.

リベラル派か保守派かといったレッテルを貼ることに私は賛成できません。そういった立場に関係なく、全員が共通の意識を持って解決策を講じることを国民は望んでいるのです。

――テレビ番組「Meet the Press」2004年7月25日

I'm not somebody comfortable with liberal-conservative labels. What the American people are looking for are commonsense solutions.

夢を見て、叶える

この国は地球上で最も偉大な国であり続けています。それは、軍事力や経済力のおかげではありません。子どもたちがみな、夢を見ることができるからなのです。そして、実際に夢を叶えることだってできるからなのです。

――テレビ番組「Meet the Press」 2004年7月25日

This country remains the greatest on Earth, not because of the size of our military or the size of our economy, but because every child can actually achieve as much as they can dream.

この国が抱える問題を解決するには、二者択一的な方法は避けるべきだと考えています。個人の責任問題と、社会の責任問題の両方に対処しなければなりません。そのよい例が教育です。一定の財源と、十分な教員数の確保、教室内へのコンピュータの導入が行われたとしても、まずはテレビを消して、一部の低所得層に浸透するある種の反知性的な考えを捨てないかぎり、子どもたちの成長は見込めないでしょう。

――テレビ番組「Meet the Press」　2004年7月25日

I try to avoid an either/or approach to solving the problems of this country. There are questions of individual responsibility and questions of societal responsibility to be dealt with. The best example is an education. I'm going to insist that we've got decent funding, enough teachers, and computers in the classroom, but unless you turn off the television set and get over a certain anti-intellectualism that I think pervades some low-income communities, our children are not going to achieve.

ブッシュ氏

ブッシュは、強いアメリカを維持したいと真摯《しんし》に願っていました。そしていまも心からそう願っていると思います。

しかし、そのプロセスだけにただひたすら打ち込んでいたせいで、我が国は非常に苦しい立場に立たされています。1つのことだけに集中しすぎた結果、私たちは効果的な国際的枠組みを作り上げることができなかったのです。私たちがそこに加わっていればすぐによい結果が得られていたことでしょう。

いまの政権は実直だとは思いますが、どこか見当違いをしているのだと思います。


――テレビ番組「Meet the Press」 2004年7月25日

I think Bush was sincere and is sincere about his desire to maintain a strong America, but there was a single-mindedness to this process that has led our country into a very difficult position. It's a consequence of that single-mindedness that we did not create the kind of international framework that would have allowed success once we decided to go in. I think that this administration is sincere but I think it's misguided.

平等にチャンスを

民主党はいつだって、その人の生まれた環境に左右されることなく、すべての人に平等にチャンスを与えるため戦ってきました。私の経歴がそれを象徴しています。私はその価値観を支持したいと思います。

――『National Review』誌 2004年7月27日

The Democratic Party has always stood for giving everyone an equal chance, despite the circumstances of their birth. My story is emblematic of that. I want to affirm those values.

私は自分で原稿を書くのが好きです。

ですからこの演説を依頼された時、すぐに原稿を書き始めました。

それは非常に賢明な判断でした。

基調演説者が私であると公表される前に、下書きが完成していたからです。

それで助かったのです。

もしこれほど大ごとになると分かっていたら、神経質になって書けなくなっていたかもしれません。


――『USA Today』紙　2004年7月27日

I like writing my own stuff. So I made a rare intelligent decision to start writing immediately after I was asked to deliver the speech. And so I actually had a draft completed before it was publicly announced, which was helpful, because if I'd known it was such a big deal, I might have gotten nervous and gotten writer's block.

妻は私に、へまをしないようにとだけ言います。

――『National Review』誌　2004年7月27日

My wife just tells me to not screw it up.

いま私が政治に関与している理由は、ＪＦＫ[7]になりたかったからではありません。公民権運動があったからです。それから私の脳裏に浮かぶのは、名もなき女性たちのことです。

１日中働きづめで他人の洗濯物を洗う女性たちが、家に帰るためのバスにも乗らず、自由を求めて行進していました。私にとっては、その姿こそが最高のアメリカン・スピリットなのです。

そしてそれは、私が自分自身を評価する時の基準になっているのです。


――ラジオ番組「All Things Considered」

２００４年７月27日

7）ジョン・F・ケネディ元大統領の略称。

The reason I'm involved in politics right now is not because I wanted to be JFK; it's because of the civil rights movement. And I think about all those nameless women marching for freedom, not taking the bus when they come home from a hard day's work doing somebody else's laundry. To me, that embodies the best of the American spirit, and that's the standard that I measure myself by.

私のルーツ

私はずっと明言してきました。
自分のルーツはアフリカ系
アメリカ人コミュニティに
あるけれど、
それだけではないと。

――『Washington Post』紙　2004年7月27日

I've always been clear that I'm rooted in the African-American community but not limited to it.

アフリカ系アメリカ人コミュニティは、その名のとおりハイブリッド・カルチャーです。異なる要素をすべて活用しています。私はアメリカ合衆国で育ってきて、アフリカ系アメリカ人として認識されています。そう思われることに満足しています。私の原点はアフリカ系アメリカ人文化であり、その伝統からインスピレーションを受けているのです。

――ラジオ番組「All Things Considered」
２００４年７月27日

The African-American community is, by definition, a hybrid culture. We draw on all these different elements. But you know, as I've grown up in the United States, I have been identified as an African-American. I'm comfortable with that identification. I'm rooted in that culture and draw inspiration from that tradition.

個人の成功には、個人の責任という要素があります。しかし社会にも責任があるのです。成功するために必要な手段を人々に与えるという責任です。

──『USA Today』紙 2004年7月27日

There's a component of individual responsibility in individual success, but society has a responsibility to give people the tools they need to succeed.

私たちには、学校や、そこで学ぶ生徒たちに投資する義務と責任があります。成績がよく、目標や志を持っているのに経済的余裕がないという人たちが、可能なかぎり最高の教育を受けられるようにしていかなくてはなりません。

――『Black Issues in Higher Education』誌
２００４年10月７日

We have an obligation and a responsibility to be investing in our students and our schools. We must make sure that people who have the grades, the desire and the will, but not the money, can still get the best education possible.

公民権とは

結婚が公民権だとは思いませんが、差別を受けないことは公民権だと思います。

――テレビ討論会「Illinois Senate Debate」
2004年10月26日

I don't think marriage is a civil right, but I think that not being discriminated against is a civil right.

政府がすべての問題を解決できるとは思っていません。私たち自身が、子どもたち全員に教えてやらなくてはならないのです。進んで物事に取り組む気持ち、自尊心、それに、家族や信仰や社会の持つ意味を。しかし政府にもできることはあります。私たちがアメリカンドリームを実現するために必要な、最低限の手段を用意することです。

――米国上院議員に選出された日の夜に行われたスピーチ
２００４年11月２日

They would tell me we don't expect our government to solve all our problems. We know that we have to teach all our own children initiative and self-respect and a sense of family and faith and community. But what we also know is that government can help provide us with the basic tools we need to live out the American dream.

中間層

極端な右派と、同じく極端な左派の人たちが存在し、お互いを悪者扱いしています。そして残りの80%の人たちはその中間に存在しています。

——『Rolling Stone』誌 2004年12月30日

There is a faction on the right that is very absolutist and there's a portion of the left that is the same way, demonizing the other side. And then there are eighty percent of people in the middle.

私は元喫煙者です。と言うと意外に思われるかもしれませんね。タバコはやめたんですが、選挙期間中に車でトウモロコシ畑の中を走っていると、周りの人に1本か2本ねだってしまうことがあります。しかし飲酒に関しては高校と大学でやり尽くしました。あの頃は荒れていました。ドラッグに酒にパーティー。羽目を外して大騒ぎしたものです。

――『Rolling Stone』誌　２００4年12月30日

I'm a reformed smoker; I think that surprises people. I quit, but then during the campaign when you're in a car driving through cornfields, occasionally I bum a cigarette or two. But I did all my drinking in high school and college. I was a wild man. I did drugs and drank and partied. But I got all my ya-yas out.

ありのままの自分

ありのままの自分に満足しています。

『Rolling Stone』誌 2004年12月30日

I'm comfortable in my own skin.

PART 2

2005

熱弁

オバマは数少ないアフリカ系アメリカ人の上院議員になった。
しかし出自よりも、
自分自身の言葉、政策を武器にして、
政治家の道を歩んでいく。
その時アメリカは国際テロとの戦いの真っ最中であった。

バラク・オバマの歩み　PART2

2005

1月、イリノイ州選出の連邦上院議員に就任。

1月20日、ブッシュ大統領の2期目の就任式が行われる。基調演説ではテロの過激思想に対する根本理念を打ち出す。

3月10日、ラジオ番組「All Things Considered」に出演。

4月、『Time』誌の「世界で最も影響力のある100人」の1人に初めて選出される。

6月4日、ノックス大学卒業式でスピーチを行う。

7月2日、アスペン研究所でスピーチを行う。

7月7日、G8サミット中のイギリス・ロンドンで同時多発テロ事件が起きる。

8月末、超大型ハリケーン「カトリーナ」がアメリカ南部を襲い、大規模な被害を引き起こす。政府の対応の遅れや原油価格の高騰などから、ブッシュ政権の支持率が急落。

11月22日、シカゴ外交問題評議会でスピーチを行う。

抱える問題の複雑さ

抱える問題の複雑さを考慮すると、ここで6年間汗水たらして働いても、何一つやり遂げることができないかもしれません。

――ラジオ番組「All Things Considered」
2005年3月10日

Given the complexity of the issues that are involved, you can spend six years here being very busy and not get anything done.

私は名声を手に入れましたが、この町で私が持つ実際の力に対して釣り合っていませんし、少々大きくなりすぎています。

――ラジオ番組「All Things Considered」
２００５年３月10日

I've got a celebrity that's undeserved and a little overgrown relative to the actual power that I have in this city.

政策オタク

私は政策オタクであると自認しています。

『Chicago Tribune』紙　2005年3月20日

I'm a self-confessed policy wonk.

今後6年の間に、物事に対する私の姿勢に驚かれることがあると思います。私をカテゴライズするのは、多くの人が思っているほど簡単なことではないのです。

——『Chicago Tribune』紙　2005年3月20日

Over the next six years, there will be occasions where people will be surprised by my positions. I won't be as easy to categorize as many people expect.

ここにいる理由

私が当選したことについて大げさに報道されていますが、分かっていてほしいことがあります。私がここにいるのは務めを果たすためであって、カメラに映るためではありません。有名になったことで人気を得ることができましたが、それはあくまでも副産物です。私は決して虚栄心の強い人間ではありません。

――『Chicago Tribune』紙　2005年3月20日

Given all the hype surrounding my election, I hope people have gotten a sense that I am here to do work and not just chase cameras. The collateral benefit is that people really like me. I'm not some prima donna.

人はみな完璧でなければならないとしたら、誰もが困惑することでしょう。完璧ではないからこそ、神の慈悲と恵みに頼って乗り越えるのです。

――『Chicago Tribune』紙　２００５年３月20日

I said if we were supposed to be perfect, we'd all be in trouble. So we rely on God's mercy and grace to get us through.

アメリカの理想が試されるのは

アメリカの理想が本当に試されるのは、自分たちの失敗を認めた上で、目の前の難題に力を合わせて立ち向かえるかどうかということです。そして事件や歴史によって自分たちが形作られるのか、それとも自分たちが事件や歴史を形作っていくのかということです。

――ノックス大学卒業式でのスピーチ　2005年6月4日

The true test of the American ideal is whether we're able to recognize our failings and then rise together to meet the challenges of our time. Whether we allow ourselves to be shaped by events and history, or whether we act to shape them.

上院のフロア

上院のフロアに足を踏み入れるたび、この国の歴史が思い起こされます。よくも悪くも、ここでその歴史が作られてきたのだと。

――ノックス大学卒業式でのスピーチ　2005年6月4日

Each time I walk onto the Senate floor, I'm reminded of the history, for good and for ill, that has been made there.

リンカーンは完璧な人間ではありませんでしたし、完璧な大統領でもありませんでした。現代の価値観からすると、奴隷制を非難した彼の態度はどこか煮え切らないものだと思われるでしょう。

――『Chicago Tribune』紙　２００５年６月26日

Lincoln was not a perfect man, nor a perfect president. By modern standards, his condemnation of slavery might be considered tentative.

政治における筋書き

私たちの政治には一定の筋書きがあります。黒人政治家のための筋書きの中には、何らかの形で白人に逆らってこそ、真の黒人政治家であるというものがあります。白人も含めた多民族で協力体制など築こうものなら、アフリカ系アメリカ人コミュニティの活動を脅かすことになるというのです。それは俗な言い方をすれば、筋書きをひっくり返した、ということになるのです。

――『Chicago Tribune』紙　2005年6月26日

We have a certain script in our politics, and one of the scripts for black politicians is that for them to be authentically black they have to somehow offend white people. And then if he puts a multiracial coalition together, he must somehow be compromising the efforts of the African-American community. To use a street term, we flipped the script.

成長するにつれ、黒人のティーンエイジャーとしての振る舞い方についてネガティブな固定観念に染まっていきました。多くの若い黒人男性が経験するような罠に何度かはまってしまったのです。コロンビアやハーバードへ行く道など用意されてはいませんでした。父親のいない家庭だったので、どのように行動すべきか、手本を見せてくれる人もあまりいませんでした。

――『Chicago Tribune』紙　2005年6月26日

Growing up, I absorbed a lot of negative stereotypes about how I should behave as a black teenager and fell into some of the same traps that a lot of black male youth do. It wasn't preordained that I would go to Columbia or to Harvard. I didn't have a father in the house, which meant that I didn't have a lot of role models in terms of how I should operate.

私に対する世間の受け止め方

アフリカ系アメリカ人コミュニティの中には、私に対してこんなふうに言う人たちもいたかもしれません。「彼はハイドパークに住んでいる。ハーバードに行った。ハワイで生まれている。だから、真の黒人とは呼べないのではないか」と。

それでも私は世間に名前を売らなければなりませんでした。知名度が上がったいま、世間は私のことをありのまま受け止めてくれます。私の生まれ育った環境に基づいて何かを期待したり、判断したりするようなことはありません。

――『Chicago Tribune』紙　2005年6月26日

There were elements within the African-American community who might have suggested, "Well he's from Hyde Park or he went to Harvard or he was born in Hawaii so he might not be black enough." I had to make a name for myself, but having made that name, people take me at face value and don't hoist onto me a set of expectations or understandings based on something my parents did.

私は人種を政治的なポイント稼ぎに使うような人間ではありません。まったく逆です。自分が黒人だからという理由だけで行動するようなことはしたくありません。私と同じ立場の上院議員が出てきたとしても、同じであってほしいと思います。

――『Chicago Tribune』紙　２００５年６月26日

I'm not somebody who uses race to score political points—quite the opposite. I would hope that it wouldn't just be something that I would do because I'm black, I would hope that any senator in my position would do the same thing.

有名人であるという事実

私が有名人であるという事実は非常に重宝されています。私を有名人と呼ぶに相応しいかどうかは分かりませんが、それでも上院の首脳部は、政治的な動きに私が関与することを期待しており、その点では、私がアフリカ系アメリカ人であるという事実よりもずっと役に立っているようです。

私は多くの注目を集めています。これは政治が世間の信用を得るための1つの手法です。

そして人々は知りたがっているのです。この有名人は、自分たちが浮き彫りにしようとしてきた問題に対し、いかに焦点を合わせてくれるのかということを。


――『Chicago Tribune』紙　2005年6月26日

The fact that I am—deservedly or not—a celebrity plays more of a role in the Senate leadership being interested in me participating in these events than the fact that I'm African-American. I receive a lot of attention. That is one form of currency in politics, and I think that people have been interested in seeing how that celebrity can help bring focus to the issues they were trying to highlight.

私の考え方の大前提には、母からの教えがあります。そして、父からもいつの間にか同じことを教わっていました。それは、人はみな同じだということです。

――アスペン研究所でのスピーチ　２００５年７月２日

The starting premise for me that my mother instilled in me, and my father inadvertently instilled, was that everybody was the same.

熱弁

2005

6歳と3歳の娘の横に座って本を読んでやり、寝かしつける夜のひと時は、ささやかな天国のようです。私にとってかけがえのない時間です。

――『American Libraries』誌　2005年8月

When I sit down with my six-year-old and my three-year-old at night and I'm reading a book to them and then I tuck them in to go to sleep, that's a little piece of heaven that I hang onto.

スタッフを相手にしょっちゅう格闘しているのは、子どもたちのイベントをスケジュールに組み込んでもらうことです。それが優先事項だということを頭に入れておいてもらわないといけません。

――オプラ・ウィンフリー著『Live Your Best Life』
２００５年９月

One of the wrestling matches I'm always having with my staff is getting my kids' events onto the schedule. I have to make sure they understand that's a priority.

自分の名前について

ある時こう言われました。あなたの名前は覚えやすいが、好まれないだろうと。アフリカの名前を1つ持つのはいいが、2つはだめだと。バラク・スミスや、ジョー・オバマならいいが、バラク・オバマはだめだと。

――オプラ・ウィンフリー著『Live Your Best Life』
2005年9月

I was told, people will remember your name and won't like it. You can have one African name, but not two. You can be Barack Smith or Joe Obama—but not Barack Obama.

我が国は複雑に入り組んだ多様性を持ちながら、それでもなお共通の絆を認め合うことができます。そのことを国民に理解してもらうために、私は相応しい立場にいます。それはきっと、私の中に異なる要素が山ほどあるからなのです。

――オプラ・ウィンフリー著『Live Your Best Life』
２００５年９月

I'm well situated to help the country understand how we can both celebrate our diversity in all its complexity and still affirm our common bonds. Maybe I can help with that because I've got so many different pieces in me.

アメリカの理想を現実のものにしたいと思っています。この国の子どもたちがみな、人生の中で何かに挑戦することができるという理想です。現時点では、そうではありませんから。

――オプラ・ウィンフリー著『Live Your Best Life』
2005年9月

I want to make real the American ideal that every child in this country has a shot at life. Right now, that's not true.

あまりにも長い間、「can-do」[8]精神は「can't-do」[9]政府によって抑えつけられてきました。政府は、国が抱える大きな問題を解決することや、大義に向かって国を1つにまとめることは、自分たちの役目ではないと考えているようです。

――演説「Securing Our Energy Future」
2005年9月15日

8）なせば成る。
9）やる気がない。

For too long now, this can-do spirit has been stifled by a can't-do government that seems to think it has no role in solving great national challenges or rallying a country to a cause.

キャンペーン資金調達の改革

本当の意味での改革を行うなら、やることは決まっています。国会議員や行政府の役人たちが、管理下にある業界の経営者たちと再就職先の交渉をしている場合、その事実を必ず公表させるようにすることです。そうすれば、昼間は薬物関連の法案を起草しつつ、夜には将来の自分の給料について製薬会社と話し合っているような連中がいなくなることでしょう。

――シカゴ外交問題評議会でのスピーチ　2005年11月22日

Real reform means making sure that members of Congress and the administration tell us when they're negotiating for jobs with industries they're responsible for regulating. That way we don't have people writing a drug bill during the day and meeting with pharmaceutical companies about their future salary at night.

厳しい質問に対するストレートな回答。それがいまはありません。

——『Washington Post』紙　2005年11月23日

Straight answers to critical questions. That's what we don't have right now.

イラク問題の終結

（大統領が）テレビに出て、アメリカの国民に対し「はい。私たちは間違いを犯しました」と言うだけで、イラク問題からきっぱりと手を引くことができるでしょう。想像してみてください。それがこの国の政治をどれほど一変させることか。

——『Chicago Tribune』紙　2005年11月23日

[The president] could take the politics out of Iraq once and for all if he would simply go on television and say to the American people, "Yes, we made mistakes." Imagine if he did that, how it would transform the politics of our country.

PART 3

2006.1-9

新風

オバマの巧みな演説は
人々の心をつかんだ。
テレビやラジオの番組にも
多数出演するようになり、
自然とオバマの人気は高まっていった。
共和党の支持率が下がっていく中で、
自らも大統領選挙への
検討を始めていく。

バラク・オバマの歩み　PART 3

2006

2月8日、『Dreams from My Father』のオーディオブック版でグラミー賞最優秀スポークン・ワード・アルバム賞を受賞。

2月28日、全米バイオエタノール推進州知事連合でスピーチを行う。

3月12日、テレビ番組「Face the Nation」に出演。

4月3日、議会で移民制度改革に関する発言をする。

6月2日、マサチューセッツ大学ボストン校卒業式でスピーチを行う。

6月14日、アメリカにおける進歩的な活動家や戦略家が集まる年次大会「Take Back America」にてスピーチを行う。

6月28日、テレビ番組「Hannity & Colmes」に出演。

6月28日、宗教団体の指導者らが集まるCall to Renewal主催会合で基調演説を行う。

7月14日、ラジオ番組「Morning Edition」に出演。

8月、1998年の在ケニア米国大使館爆破事件の慰霊碑に一家で献花。

8月7日、AFSCME（アメリカの公務員労働組合）全国大会でスピーチを行う。

9月27日、議会で人身保護請求権の修正案に関して発言する。

主演男優賞

ジョンは時々頭に血が上ることがあります。彼は20年近くも上院議員を務めてきましたし、戦争の英雄でもありますす。たまには感情をぶちまけたくなることもあるのでしょうが、大した問題ではありません。ジョンの志は立派だと思います。彼も私も（ロビー活動と政治倫理の改革について）優れた法案を作りたいと思っています。私は、（グラミー賞最優秀スポークン・ワード・アルバム賞を受賞したので）次はエミー賞を狙うと誰かに言ったことがあります。『ジョン・マケインをめぐる物語』での主演男優賞になるでしょうね。

――『Time』誌　2006年2月13日

John gets excited sometimes. John's been in the Senate for close to twenty years, he's a war hero, if he wants to vent once in a while, that's not a problem. I think he has good intentions, and both of us want to see a good bill [on lobbying and ethics reform]. I did tell someone I'm going for an Emmy next [after he won a Grammy for Best Spoken Word Album]. It's going to be for Best Actor in a Drama Involving John McCain.

革新派としての若者からの評価については、さほど心配していません。世間は私が政界入りしてからのこの10年間を見て判断することができますし、私が通してきた法案や、私の投じた票を見てもらえれば、私がどのような価値観を持っているのか、私の考えがどこから来るのかについてよく分かってもらえると思います。その点については何も心配していません。

——『Ｔｉｍｅ』誌　２００６年２月13日

My street cred as a progressive is not something I worry too much about. People can look at the ten years that I've been in politics and pull the legislation I've passed and look at my votes and get a pretty good sense of what my values are and where I'm coming from. That's not something I worry about.

審議の不足

自分がどれだけのことを成し遂げてきたかということに、驚きと同時に喜びを感じています。具体的な成果を上げてこられたような気がしています。一方で、世界最大の審議機関であるはずの我が国において、いかに審議が不足しているかということにも驚いています。夜中にプレスリリースを行い、議会声明を発表しているのですから、誰も聞いちゃいないのです。さらに、物事の進むペースがあまりに遅いことにも驚いています。私がイリノイ州上院議員を務めた最後の年には、1年に26もの法案を通したものですが。

――『Time』誌　2006年2月13日

I'm pleasantly surprised at how much I got done. I feel like we had some concrete accomplishments. I'm surprised at the lack of deliberation in the world's greatest deliberative body. We have press releases passing in the night and floor statements nobody is listening to. And the fact that things move so slow. My last year in the Illinois Senate, I passed 26 bills in a year.

どんな相手でも、
話をすればある程度は
納得させることができると
いつも思っています。

——『Time』誌　2006年2月20日

I probably always feel on some level I can persuade anybody I talk to.

確実に焦点を合わせる

何をやるにしても、その趣旨や問題点に、確実に焦点を合わせなくてはならないと思っています。それさえできていれば、うまくいく時もそうでない時も、少なくとも自分がぶれていないということを常に実感することができます。

――『Chicago Tribune』紙　2006年2月24日

I really have to make sure that everything I do focuses on the substance and the issues. If I stay focused on that, I'll have my good days and my bad days, but at least I'll always feel I'm on solid ground.

民主党はこれまでずっと間違いを犯してきたと思います。この問題を避けて通ろうとしたり、道徳的な要素が絡んでいないかのように見せかけたりしてきました。しかしこれは道徳的な問題なのです。私は女性の中絶権利擁護派です。とはいえ、これは大事なことなのですが、私は妊娠中絶擁護派の立場をとっているとは言っても、妊娠中絶を軽く見ているわけではありません。反対派の人たちの持つ深刻な問題にも、耳を傾けなければいけないと思っています。

――テレビ番組「Face the Nation」 2006年3月12日

I think the Democrats historically have made a mistake just trying to avoid the issue or pretend that there's not a moral component to it. There is. I am pro-choice, but I also think that it's important—even as I indicate that I'm pro-choice—to say this is not a trivial issue. And we have to listen to the profound concerns that other people have.

敵地での活動

レッドステート化[10]してしまった州では選挙活動をしても無駄だと民主党員たちは言います。共和党に投票するに決まっているからと。しかしそれは間違っていると思います。

――テレビ番組「Face the Nation」 2006年3月12日

10) アメリカ合衆国内で、共和党を支持する傾向の強い州のこと。また、民主党を支持する傾向の強い州はブルーステートと呼ばれる。

With the red-state phenomenon where Democrats just say, well, we can't campaign in those areas because they're going to vote Republican, I think that's a mistake.

他人が書いたものや、共同執筆したもの、口述したものを自分の名前で発表することにはとても抵抗があります。私の名前で発表していたら、それは私自身が書いたということです。

――『Chicago Tribune』紙　2006年3月31日

I would feel very uncomfortable putting my name to something that was written by somebody else or co-written or dictated. If my name is on it, it belongs to me.

エリス島[11]を通過してアメリカ合衆国へ渡ってきた移民たちのことを思い出してみてください。彼らの全員が然るべき書類手続きを行って入国したわけではありませんでした。私たちの祖父母や曾祖父母の中には、合法移民の資格を得られない人もいたことでしょう。それでも彼らはここへやってきたのです。夢を求めて、希望を求めて。アメリカ人はそのことを理解しています。我が国の国境が持つ意味を真剣に考えてみる必要はありますが、一方で、すでにこの国で暮らしている人たちには、チャンスを与えたい

It behooves us to remember that not every single immigrant who came into the United States through Ellis Island had proper documentation. Not every one of our grandparents or great-grandparents would have qualified for legal immigration. But they came here in search of a dream, in search of hope. Americans understand that, and they are willing to give an opportunity to those who are already here, as long as

とアメリカ人は思っているのです。今日の移民たちは、この国を作り上げた移民の伝統をそのまま受け継ごうとしています。こういった人々が我が国に貢献してきたことを認めなければ、自分たちのことも、彼らのことも、ぞんざいに扱うことになります。そしてこの国を守るためにも、適切な移民制度を回復させることが急務なのです。

――移民制度改革に関する議会での発言　2006年4月3日

11）北ニューヨーク湾にある、かつて移民局が置かれていた島。

we get serious about making sure that our borders actually mean something. Today's immigrants seek to follow in the same tradition of immigration that has built this country. We do ourselves and them a disservice if we do not recognize the contributions of these individuals. And we fail to protect our Nation if we do not regain control over our immigration system immediately.

有権者のIDカード提示義務

なぜ投票する際に、有権者に身分証明書の提示を義務づけてはいけないのか？

有権者の本人確認は必要ではないのか？

市民ではない者が投票することで選挙結果が変わってしまうことのないようにすべきではないのか？

そういった声もありますが、この法案には問題が2つあるのです。

1つ目は、50州のうちどこを探しても、投票者の不正によって重大な問題が発生したと証明できるものは何一つないということです。市民で

Why shouldn't we require people to have a voter ID card when they vote? Don't we want to make sure voters are who they claim to be? And shouldn't we make sure non-citizens are casting ballots to change the outcome of elections? There are two problems: number one, there's no proof that there's any significant problem with voter fraud in the fifty states. There certainly is none showing that non-citizens are rushing to try to

はない者が投票を試みたことを示す証拠も皆無なのです。要するに、あるはずのない問題を解決しようとしているのです。
2つ目は、歴史的に公民権を剥奪されてきた人たち、つまり少数民族や貧困層、高齢者、障害のある人たちが、写真付き身分証明書に関する法律によって最も影響を受ける立場にあるということです。

――投票時写真付き身分証明書提示義務に関する議会での発言
２００６年５月24日

vote: this is a solution in search of a problem. Second is that historically disenfranchised groups—minorities, the poor, the elderly, and the disabled—are most affected by photo ID laws.

感動できる心を忘れないでください。アメリカという、この夢のような場所に驚きを持ち続けてください。私たちが直面している問題ばかりにすぐに目を向けてしまう人もいるでしょう。貧困、戦争、人種差別、不平等、憎しみ、無力さ。そして結果としてこの国を非難することも容易でしょう。この国はどうかしているし、状況がよくなる望みはまずない。もしあなた自身がそのように感じることがあるのなら、思い

Stay amazed, and remain in wonder at this unlikely place we call America. I think it's easy for some people to look at all the challenges we face; to look at poverty and war and racism and inequality and hatred and helplessness, and to get down on this country as a result. To think that there's something wrong with us and that there is little hope to make things better. If you ever feel like that yourselves, I ask you to remember all

出してみてください。この国で起きた驚くほど素晴らしい出来事や、嘘みたいな出来事の数々を。それこそがアメリカなのです。世界中の無数の冒険者たちが変化を求めてやってくる場所なのです。自分たちの境遇にうんざりし、よりよい人生を望む人たちが、チャンスをつかむために、大きなリスクを負ってでも遠路はるばるたどり着きたいと願う場所なのです。

――マサチューセッツ大学ボストン校卒業式でのスピーチ
2006年6月2日

---

the amazing and unlikely things that have happened in this country. This is America. A place where millions of restless adventurers from all over the world, still weary of their lot in life—still hoping for something better—have longed to travel great distances and take great risks for a chance to arrive on our shores.

これからはみなさんが、アメリカの概念を存続させていくのです。それは極めて急進的ですが、実にシンプルな概念です。どこで生まれようが、どれだけ親が裕福だろうが関係ありません。見た目や信条も関係ありません。アメリカという国でみなさんは、なりたいものになるために立ち上がることができるのです。偉業を達成するために進み続けることだってできるし、自分が望む幸せを追い求めることだってできるのです。

――マサチューセッツ大学ボストン校卒業式でのスピーチ
2006年6月2日

It's your turn to keep this daringly radical but unfailingly simple notion of America alive—that no matter where you're born or how much your parents have; no matter what you look like or what you believe in, you can still rise to become whatever you want; still go on to achieve great things; still pursue the happiness you hope for.

変わり続ける世界の中で、国同士の結びつきが強くなれば、グローバリゼーションによって私たちの生活に利益がもたらされ、同時に混乱をもきたすことになるでしょう。いずれにせよ、グローバリゼーションはすでに始まっていて、止めることはできないのです。自分たちの周りに壁を作り、国内のことだけに目を向けることは可能です。来たる混乱状態に恐れと怒りを持って応じることだってできるでしょう。しかしそれは私たちのやるべきことではありません。

――マサチューセッツ大学ボストン校卒業式でのスピーチ
2006年6月2日

As the world continues to change and we become more connected to each other, globalization will bring both benefits and disruptions to our lives. But either way, it's here, and it's not going away. We can try to build walls around us, and we can look inward, and we can respond by being frightened and angry about those disruptions. But that's not what we're about.

インターネットの力

自分の選挙戦をふり返ってみると、知名度のあまり高くない候補者がキャンペーン情報を広めるために、インターネットの力が間違いなく重要だったと言えます。

――オハイオ州民主党晩餐会にて　2006年6月4日

When I look at what happened in my race, the ability of the Internet to spread the word about a campaign for a candidate who wasn't that well known was absolutely critical.

ブログの危険性

ブログの危険性は、自分の思うことを発信し、それに同意する人としか話をしなくなるという点にあると思います。つまり、時間とともに自分の偏った考え方を強めるばかりで、ほかの意見やほかの視点を受け入れなくなっていくのです。私が常に考えているのは、どうすればさまざまなブロガーや、異なる考え方を持つ人たちがコミュニケーションを取れるのかということです。お互いにただ応援し合うだけでなく、会話をしたり、意見交換したりするためです。

——ブログサイト「Heightsmom.blogspot.com」
２００６年６月４日

I think the danger of blogs is that we are only talking to ourselves and people who agree with us. That means that over time we are just reinforcing our own preconceptions and we are not opening up to other ideas and other points of view. One of the things I am always trying to figure out is how to get different bloggers and different points of view communicating so it is a conversation and dialogue, not just all of us cheering each other on.

党の目標

私たちが伝えたいのは、何に反対しているのかということだけではありません。何のために戦っているのかということです。私たちは、みなさんにチャンスを与えるために戦う政党なのです。

――年次大会「Take Back America」にて
2006年6月14日

We've got a story to tell that isn't just against something but is for something. We know that we're the party of opportunity.

これだけは言わせてください。ジョージ・ブッシュが悪人だとは思っていません。彼は母国を愛していると思います。いまの政権は愚かな人ばかりではないと思います。頭の切れる人も大勢いると思っています。問題は、彼らの哲学が想定通りに機能していないということではありません。機能していることなのです。まさに想定した通りに機能しているということが問題なのです。

——年次大会「Take Back America」にて
２００６年６月14日

Now, let me say this: I don't think that George Bush is a bad man. I think he loves his country. I don't think this administration is full of stupid people, I think there are a lot of smart folks in there. The problem isn't that their philosophy isn't working the way it's supposed to, it's that it is. It's that it's doing exactly what it's supposed to do.

私の妻に聞けば分かると思います。私は子どもじみたことにこだわる時があると。自分本位なところや、心の狭さや、器の小ささを克服しようと絶えず努力していると。

——ノースウェスタン大学卒業式でのスピーチ　2006年6月16日

And if you talk to my wife, she'll tell you that there are times when I do not put aside childish things; when I continually struggle to rise above the selfish or the petty or the small.

私は世間から少なからず注目されていますから、ある意味でより神経を使わなければなりません。同僚の議員たちを足蹴にすることのないように。

――『The Nation』誌　2006年6月26日

The amount of publicity I have received means that I've got to be more sensitive in some ways to not step on my colleagues.

新風

2006.1.19

報道に関しては、誰だって言いたいことの1つや2つあるものです。私は、報道には報道の仕事をやらせておこうというスタンスでいます。

テレビ番組「Hannity & Colmes」2006年6月28日

Everybody has got an ax to grind when it comes to the press. My attitude is, let the press do its job.

信仰は、疲れた人の心を慰めたり、死への恐怖を和らげたりするためだけにあるものではないと思っています。信仰は、世界中の人々を動かす確かな力です。希望の源です。

――『Chicago Tribune』紙　2006年6月29日

I see faith as more than just a comfort to the weary or a hedge against death. It is an active, palpable agent in the world. It is a source of hope.

新風

2006 1-9

リンドン・ジョンソン[12]にはとても心を惹かれます。私の中には彼に似た部分があります。それはある種の欲です。成功したい、気に入られたい、出世したい、優位に立ちたい。そんな卑しい一面を持たない政治家を私は見たことがありません。しかしそれは私の主要な面ではありません。そしてリンカーンにとって、それが主要な面だったかどうかは疑わしいです。彼はかなり内省的な人でしたから。

——『Men's Vogue』誌　2006年秋

12）第36代アメリカ合衆国大統領。

I'm fascinated by Lyndon Johnson; there's a piece of him in me. That kind of hunger—desperate to win, please, succeed, dominate—I don't know any politician who doesn't have some of that reptilian side to him. But that's not the dominant part of me. On the other hand, I don't know that it was the dominant part of Lincoln. The guy was pretty reflective.

モチベーションの根本

私は、5歳の頃に「将来アメリカ上院議員になる」と誓っていたような人たちとは違います。

この仕事に対する私のモチベーションの根本にあるのは、母から教え込まれた特定の価値観に従って生きなくてはならないという義務感です。そしてその価値観をこの世界にいかに調和させていくか、その方法を見つけ出す必要があったのです。階級や人種や国籍によってばらばらになったこの世

I wasn't one of these folks who at the age of five said to myself, "I'm going to be a U.S. senator." The motivation for my work has been more rooted in the need to live up to certain values that my mother instilled in me, and to figure out how you reconcile those values with a world that is broken apart by class and race and nationality. And so I guess I have on occasions had to push myself or I've been pushed into service,

界の中でです。
そういった状況から、ときには自分を駆り立て、あるいは周りの人に背中を押されながら、公職に名乗りを上げてきたのだと思います。楽しそうだからとか、座って情勢を眺めているよりはましだからとか、そんなことばかりが理由ではありません。必要なことだと思ったからです。

——『Men's Vogue』誌　２００６年秋

not always because I thought it was fun or that it was preferable to sitting down and watching a ball game, but because I felt it was necessary.

大統領の役割

大統領職に対する私の意見は、ただ単に大統領になるだけではだめだということです。この国を変えなければならない。類まれな貢献をしなければならない。偉大な大統領にならなければならないということなのです。

――『Men's Vogue』誌 2006年秋

My attitude about something like the presidency is that you don't want to just be the president. You want to change the country. You want to make a unique contribution. You want to be a great president.

それまで本を書いたことはありませんでしたが、いかにも真実らしいことを書くというのがどういうことなのか私には分かりました。執筆を始めてみると、見分けることができるようになるのです。自分が嘘を書こうとしている時、陳腐な決まり文句を使おうとしている時、実際には存在しない感情を作り上げようとしている時、自分を確実によく見せることばかり書こうとしている時が。

――『Men's Vogue』誌　２００６年秋

Even though I hadn't written a book before, I had a sense of what it felt like to write something that rang true. When you start writing you are able to discern where you're being false, where you're using clichés, where you're manufacturing emotion that's not really there, or where you're shying away from something that isn't necessarily flattering.

一過性にしない

みなさんはどう思うか分かりませんが、テロリズムに対する戦いは、偶数年の9月から11月の間[13]だけ突然生じるものであってはならないと私は思います。しかしそういうパターンがあるように思えます。

――オンライン誌『Salon』 2006年9月18日

13）西暦偶数年11月に行われる公職選挙直前の3か月間のこと。

I don't know about you, but the war against terrorism isn't supposed to crop up just between September and November in even-numbered years. That seems to be the pattern.

自分を客観的に見るのはいつだって難しいことです。自分のどういうところに世間が反応しているのか、理解するのは簡単なことではありません。私はたまたま運がよかっただけかもしれません。

――『Newsweek』誌　2006年9月25日

It's always hard to stand outside yourself and know what it is that people are reacting to. Some of it is just dumb luck.

宗教への解釈

キリスト教にさまざまな解釈の仕方があるように、イスラム教にも実にさまざまな解釈の仕方があります。

ですから、経典の特定の解釈だけに基づいて、その宗教のことを決めつけたり、定義づけたりするのは間違っています。

——『Newsweek』誌 2006年9月25日

There are so many different interpretations of Islam as there are so many different interpretations of Christianity, that to somehow fix or define a religion based on one particular reading of the text is a mistake.

世の中にはさまざまな感性が存在しているということを、私たち全員が心に留めておかねばなりません。宗教の指導者ならなおさらです。そしていま、それとは対照的な人たちがイスラム社会の中に存在しています。怒りの矛先を探し、西欧が何らかの形でイスラム文化に敵対していることを示すものはないかと、常に目を光らせているのです。

――『Newsweek』誌　２００６年９月25日

All of us, particularly religious leaders, have to be mindful that there are a lot of sensitivities out there. Now, the flip side is that there are those in the Muslim community who are looking to take offense and are constantly on the lookout for anything that would indicate that the West is somehow antagonistic toward Islam.

新風

2006 1-9

国民が政治に注意を払っていれば、よい政府、よい指導者を得ることができます。しかし私たちが民主主義国家としての務めを怠り、市民として楽な道ばかりを選ぶようになると、悪い政府、悪い政治を招くことになります。

『Newsweek』誌 2006年9月25日

If people are paying attention, then we get good government and good leadership. And when we get lazy as a democracy and civically start taking shortcuts, then it results in bad government and politics.

私たちは認めなければなりません。自分たちが常に正しいとはかぎらないということを。自分たちの信仰だけが唯一の真実ではないかもしれないということを。そして私たちは、ほかの信仰を持つ人の意見にも耳を傾けなくてはなりません。現在、絶対主義的な考え方が一種の時代の風潮のようになっていますが、それは国内的にも国際的にも、政治的に非常に大きな悩みの種となっているのです。

――『Newsweek』誌　２００６年９月25日

I think we've got to admit the possibility that we are not always right, that our particular faith may not have all the monopoly on truth, and we've got to be able to listen to other people. You know I think one of the trends we are seeing right now, and which I think is causing so much political grief both domestically and internationally, is that absolutism has become sort of the flavor of the day.

世界は見ている

世界はアメリカの動きを見ています。いまの私たちの行動を知り、今後はそれに応じて私たち全員を扱うことになるでしょう。軍人や外交官、ジャーナリストをはじめ、国境を超えて他国へ行く人はみな、そのような扱いを受けることになるのです。この先、そのことを忘れないでほしいと思います。

――人身保護請求権の修正案に関する議会での発言
２００６年９月27日

The world is watching what we do today in America. They will know what we do here today, and they will treat all of us accordingly in the future—our soldiers, our diplomats, our journalists, anybody who travels beyond these borders. I hope we remember this as we go forward.

PART 4

参戦

2006 10-12

インタビューにて、
大統領選に出馬する意向を表明。
「アフリカ系アメリカ人初の
大統領となるのか?」
一躍アメリカ全土からの注目を
一身に浴びるオバマ。
経験不足を指摘されるなど、
逆風にさらされながらも、
停滞した政界に鋭く切り込んでいく。

バラク・オバマの歩み　PART 4

2006

10月、NBCテレビのインタビューで「大統領選挙への出馬を検討する」旨を発言。この時期、テレビやラジオの番組に多数出演。

10月17日、2冊目の著書『The Audacity of Hope』が出版される。

11月7日、中間選挙が行われ、民主党が上下両院で過半数を獲得。

11月20日、シカゴ国際問題評議会で「A Way Forward in Iraq」と題する演説を行う。

12月1日、世界エイズデーの記念イベントでスピーチを行う。

12月30日、イラクでサダム・フセイン元イラク共和国大統領が処刑される。

こういった二者択一の型にはまった考え方にはうんざりしています。何の役にも立たないことです。政治思想を二分してみたところで、現実とは大きな差異があるのです。

――『New York Magazine』誌 2006年10月2日

These either/or formulations are wearisome. They're not useful. The reality outstrips the mental categories we're operating in.

私は本当の意味で優れた大統領になりたいと思っています。ですから、それ以外にもあらゆること[14]を心配しています。凡庸な大統領や、不甲斐ない大統領が大勢いましたから。

――『New York Magazine』誌　2006年10月2日

14）自身の人種のことだけでなく、の意。

I'd want to be a really great president. And then I'd worry about all the other stuff. Because there are a lot of mediocre or poor presidents.

私の役目

私の役目は、みなさんに対してワシントンを代表することではありません。ワシントンに対してみなさんを代表することです。

――テレビ番組「Oprah Winfrey Show」
2006年10月18日

My job is not to represent Washington to you, but to represent you to Washington.

現在起きている政治的論争の多くは、60年代に行われていた議論の延長です。いい加減それらの論争の先に進みたいと、この国の特に若い世代の人たちは思っています。古い時代に巻き起こった、極めて個人的で痛烈で根深い敵対心はもう終わりだ。彼らは内心そう思っています。

――テレビ番組「Charlie Rose Show」2006年10月19日

A lot of the political arguments that we see now are continuations of arguments that took place in the '60s. What I'm seeing out in the country is, particularly in younger generations, wanting to get beyond some of those arguments and saying to themselves, look, the very personal, very vitriolic, deep-seated animosities that were created in that era are over.

初めて聞かれた日

参戦

2006 10-12

（大統領に立候補するつもりはあるかと）初めて聞かれたのは、上院議員に当選した次の日だったと思います。朝8時の記者会見の時でした。私は選挙で選ばれたばかりだったので、その質問に思わず笑ってしまったことを覚えています。なぜなら次の選挙のことを考える前に、まずは上院議員の就任の宣誓をするのが道理だと思ったからです。

――ラジオ番組「All Things Considered」
2006年10月19日

I think I was first asked [if I was going to run for president] the day after I'd been elected to the Senate. It was an eight-in-the-morning press conference, I'd just come out of the election, and I remember laughing at the question because presumably it would make sense for me to be sworn into my new office before I started thinking about the next one.

民主主義には常に何らかの対立が存在します。アメリカは大きな国です。複雑な国です。民主主義を確立すれば厄介なものになるのは当然です。しかしそれは健全な姿だと言っていいでしょう。

――テレビ番組「Charlie Rose Show」２００６年10月19日

There's always going to be some conflict in democracy. It's a big country. It's a complicated country. Democracy is messy. And a lot of that is healthy.

私が反対する戦争

私はすべての戦争に反対しているわけではありません。私が反対しているのは愚かな戦争です。無謀な戦争です。イデオロギーによって繰り広げられる戦争です。理性によって判断せずに、権力や政略に基づいて行われる戦争に反対しているのです。

——テレビ番組「Charlie Rose Show」 2006年10月19日

I'm not opposed to all wars, I'm opposed to dumb wars. I'm opposed to rash wars. I am opposed to wars that are ideologically driven, and based on power and politics instead of reason.

彼女[15]は人生のパートナーです。何かを決める時は一緒に決めます。世間の注目を浴びたいとか、政界に入りたいとか、そういった願望は彼女にはありません。ですが、善良で堅実な中西部の一般市民たちが何を考えているのか、驚くほどよく理解しているのです。

――テレビ番組「Larry King Live」２００６年10月19日

15）妻・ミシェルのこと。

She is my life partner and we make decisions together. She doesn't have a real hankering to be in the public eye or be in politics, but she has a wonderful sense of what good, solid, Midwestern, ordinary folks are thinking.

宗教に関する母の考え

私は敬虔な家庭で育ったわけではありません。母は人類学者であり、私を教会に連れて行くこともあれば、仏教の僧院や、モスク[16]に連れて行くこともありました。母は宗教を魅力的なものだと思っていました。人生の極意を理解しようとする人間の気持ちの表れだと考えていたのです。

――テレビ番組「Charlie Rose Show」2006年10月19日

16）イスラム教の礼拝堂。

I didn't grow up in a religious household. My mother, who was an anthropologist, would take me to church once in a while, and then she would take me to the Buddhist monastery, and then she'd take me to a mosque. Her attitude was religion was fascinating and an expression of human attempts to understand the mysteries of life.

有名な説があります。どの米国上院議員もみな、朝起きて鏡を見ると、そこに未来の大統領の姿を思い浮かべるのだと。それは、米国上院に務めることの根本的なデメリットとも言える部分です。

――テレビ番組「Larry King Live」 2006年10月19日

There's a famous saying that every United States senator wakes up in the morning, looks in the mirror and looks at a future president. It's one of the congenital defects of serving in the United States Senate.

上院議員として最もつらいことは、ほとんどの場合において「賛成でも反対でもない」という票を投じることができないことです。

――テレビ番組「Charlie Rose Show」 2006年10月19日

One of the toughest things about being a senator is most of the time you can't punch the box that says "none of the above."

私はどんな部屋にだって入っていけます。そこにいるのが黒人だろうと白人だろうと、地方の人間だろうと都会の人間だろうと、レッドステート[17]の住人だろうとブルーステート[18]の住人だろうと関係ありません。30分もあれば、彼らを会話に引き込み、こいつの言っていることは理解できることばかりだ、と言わせてみせます。

——テレビ番組「Charlie Rose Show」2006年10月19日

17）アメリカ合衆国内で、共和党を支持する傾向の強い州。
18）アメリカ合衆国内で、民主党を支持する傾向の強い州。

I can walk into a room, whether they're black, white, rural, urban, red state, blue state, and after thirty minutes, engage them in a conversation where they say, a lot of what this guy is saying makes sense.

数年前は

ほんの3、4年前までは、
レストランの外に立って
自分の車を待っていると、
私に車のキーを
渡そうとしてくる人が
たくさんいました。

テレビ番組「Charlie Rose Show」 2006年10月19日

It was only three or four years ago where if I was standing outside of a restaurant waiting for my car, people would toss me the keys.

ndSnow

「イメージ作り」の一番よい方法

執筆する時は、できるだけ正直になろうと心がけています。しかし政界にいるとそれは難しくなります。自分のイメージをできるかぎりコントロールしたいという衝動に駆られるからです。分かっているのは、私にとって、いわゆる「イメージ作り」に取り組むための一番よい方法は、自分らしく、思っていることをみなさんに伝えるということです。そうすれば、言っていることとやっていることが食い違うような失態を演じることにはなりません。

――ラジオ番組「All Things Considered」
2006年10月19日

When I write, I try to be as honest as I could. That's harder when you're in political life, because I think there's a strong impulse to try to control your image as much as possible. I found that the best way for me to approach quote, unquote, "image making" is to be myself and let there everybody know what I'm thinking. And that way, I don't end up tripping myself up saying one thing and doing another.

大統領に必要なもの

大統領という立場は、決して虚栄心や功名心に基づいて追求できるものではありません。真面目さと本気さが確実に要求されるのです。

――テレビ番組「Meet the Press」２００６年10月22日

The one thing I'm clear about in terms of the presidency is that it can't be something you pursue on the basis of vanity and ambition. There's a certain soberness and seriousness required.

大統領になる準備

大統領になる前から、
大統領になる準備が
できている人が
いるのでしょうか。

——テレビ番組「Meet the Press」 2006年10月22日

I'm not sure anyone is ready to be president before they're president.

私の直観では、いまの世代がより関心を示すのは、賢い政府[19]です。もし市場が自力で回復する力を持っているなら、その力に任せてみましょう。解決するのに政府の介入が必要なら、そうしましょう。しかし、まずは実質的な成果に目を向けてみましょう。

――テレビ番組「Meet the Press」２００６年10月22日

19）大きな政府でも小さな政府でもなく、状況に応じてどちらかを使い分ける機能的な政府のこと。

My instinct is that the current generation is more interested in smart government. If the market solution works, let's go with the market solution. If a solution requires government intervention, let's do that. But let's look at what are the practical outcomes.

私が目にする多くの問題には、二者択一の答えはありません。むしろ、医療問題や教育問題の解決策を考えている時には、あらゆることに目を向けるようにしています。問題の複雑さを捉えたいと思っているのです。

――『Chicago Tribune』紙 2006年10月26日

A lot of the issues that I see are not an either-or situation. Rather, my perceptions about how we solve problems in health care or education span across a whole range of areas. And I want to try to capture that complexity.

世間の目にさらされ、何度も何度も同じことを聞かれると、それに機械的に答えるようになります。まるで自分自身の風刺漫画のようになっていくのです。

――『San Francisco Chronicle』紙　２００６年10月26日

You're in the public eye, and people ask you the same questions over and over again, and you start giving rote answers. You become almost a caricature of yourself.

鼻をへし折ってくれる人

自分について書かれた記事が真実であると私が思い始めると、いつも妻が私の鼻をへし折ってくれます。

――『Toronto Star』紙 2006年10月26日

I've got a wife who knocks me down a peg anytime I start believing what they're writing about me is true.

この国の政治が最良のものになるには、私たちが互いに認め合うことが必要です。
そして私たちが、移民や女性、黒人、同性愛者、メキシコ人たちを自分たちから切り離し、別の存在として見るようになった時、この国の政治は最悪のものになるのです。

――『Chicago Tribune』紙　2006年10月26日

Our politics at its best involves us recognizing ourselves in each other. And our politics at its worst are when we see immigrants or women or blacks or gays or Mexicans as somehow separate, apart from us.

参戦

2006　10-12

下書きは手書きで作成することが多いです。そのあとでコンピュータに打ち込み、そこで推敲します。下書きの段階からコンピュータを使うと、あまりにも短時間で仕上げているような気になります。ですからまずは手書きし、それからタイピングしたいのです。そうすることで、より客観的な視点で見直すことができるのです。

――『Chicago Tribune』紙　2006年10月26日

I am somebody who usually writes out the rough draft in longhand. Then I type it into the computer, and that is where I do my editing. I find that if I write it on the computer, I go too quick. So I like getting that first draft out and then typing it in; you are less self-conscious about it.

若い頃、マリファナを吸い込んでいましたよ。そのためのものですからね。[20]

――『Economist』誌　2006年10月28日

When I was a kid I inhaled. That was the point.

20) ビル・クリントンの「マリファナを試したことはあるが、吸い込んではいない」という発言を皮肉った言い回し。この発言でオバマは聴衆をどっと沸かせた。

2006 10-12

気候変動への意識

ホワイトハウスには、
気候変動が起きていることを
信じようとしない人たちが
何人かいるようです。
しかし、1万人もの科学者たちが
案じているのです。
気候変動に対して何らかの策を
講じなくてはならないと。

――『San Francisco Chronicle』紙 2006年10月28日

Maybe there are a couple of holdouts in the White House that don't believe in climate change. But there are 10,000 scientists who believe that maybe we should do something about it.

可愛い娘たちには泣かされます。娘たちがサヤエンドウを食べている姿を見ているだけで涙が出てくるのです。

――『Houston Chronicle』紙　2006年10月29日

My little girls can break my heart. They can make me cry just looking at them eating their string beans.

パフォーマンスでしかない政治

いまのワシントンの政治は、頭を使ったWWFプロレスのようなものです。殴り合い、椅子を投げつけ、実際には何も実行できていないのです。

『Houston Chronicle』紙 2006年10月29日

Politics in Washington has become the intellectual equivalent of WWF Wrestling: smacking each other, throwing chairs, but nothing really gets done.

（アメリカ人は）直観的に
理解していると思います。
軍事力を行使して、
世界全体に自分たちの
意志を押しつけることなど
できやしないのです。

――『Houston Chronicle』紙　２００６年10月29日

I think [Americans] instinctively understand that we cannot simply impose our will militarily on the entire globe.

いまだに分からない

聖書を読んでいると、
これは意味が
分からないなぁと
思うくだりが
いまだにあります。

『New Yorker』誌 2006年10月30日

There are still passages that I read in the Bible where I say, Well, this doesn't make any sense.

妻にとって大事なこと

彼女にとって大事なのは、私が米国上院議員であるかどうかよりも、よい父親であるかどうか、よい夫であるかどうかということなのです。

彼女は事あるごとに言っています。

もし私が夫ではなくただのご近所さんだったら、彼女は私のナンバー1の支持者になっていたただろうと。

そして、家々を回って資金集めをしていたただろうと。

もし誰か別の人と結婚していたら、その場合はきっと、私を大統領選に出馬させるために、先頭に立って活動をしているだろうと言うのです。


――『New Yorker』誌　2006年10月30日

She cares more about whether I'm a good father and a good husband than she does about whether I'm a U.S. senator. As she likes to say, she would be my Number 1 political supporter—she'd make calls and raise money—if I were her neighbor. She would be leading the bandwagon for me to run for President if I was married to somebody else.

政治家として最も満足感を覚える瞬間は、スイートスポットをとらえた時です。つまり、成立させたばかりの法案に対し、満場一致で結論が下される時です。この法案は有用であり、情勢の改善につながるものだと。そして、政党の枠を超えたすべての人が認めざるを得ないのです。これで国民の暮らし向きも少しはよくなるだろうと。

――『New Yorker』誌 2006年10月30日

The most gratifying feeling in politics is when you hit that sweet spot where everybody concludes that the law that we've just passed works and is going to make things better, and everybody across party lines has to confess that we're probably better off with this thing than not.

セレブリティ文化

私はこの国のセレブリティ文化にずっと疑問を抱いてきました。そしていま、自分自身がその文化の一員という奇妙な立場になり、そこからある程度の恩恵を受けていります。私たちは新しいものや奇抜なものを次々と追いかけ、誰かの噂話をいくつも積み重ね、ついには誰について話していたのかさえ忘れてしまいます。夢中になるあまり、自分が誰について話しているのか分からなくなってしまうのです。

――『New Yorker』誌　2006年10月30日

I have always been suspicious of our celebrity culture. And now I find myself in this odd position where I am a part of it, and to some degree a beneficiary of it. We cycle through the new and the novel, and stack story after story on top of individuals, until we lose track of who we're talking about. And if you get absorbed in that, you lose track of who you're talking about.

この国の最大の問題

大統領という地位の持つ力が十分に活用されていないように思います。

アメリカの国民にきちんと説明するための力です。ありふれた言葉で単刀直入に、我々にはこういう選択肢があると説明するのです。この国の政治が抱える最大の問題点は、選ぶべき選択肢について嘘をつくことです。選挙運動においても、候補者にそうすることを強要しています。そして話をわざと曖昧にし、はぐらかすのです。

ですからその人物が当選する頃には、国民が失望することはすでに決定しているのです。


――『New Yorker』誌　２００６年10月30日

That's the power of the presidency that I don't see used enough. The capacity to explain to the American people in very prosaic, straightforward terms: here are the choices we have. The biggest problem we have in our politics—and our campaigns press this upon candidates—is to lie about the choices that have to be made. And to obfuscate and to fudge. And so by the time the person arrives, people are already set up for disappointment.

アフリカ系アメリカ人のコミュニティでは特に、指導的立場にある人たちが自分たちの領域を非常に守りたがり、完全に手遅れになるまで若い人たちを受け入れようとしない傾向が見られるように思います。若い世代を育て、指導的立場になる機会を与え、先頭に立たせてやることです。それも早ければ早いほどよいのです。

――『Black Collegian』誌 2006年10月

In the African-American community in particular, I think sometimes we have a tendency for our leadership to be very protective of their turf and not invite young people in until it's way too late. The earlier we're grooming young people and giving them leadership opportunities, and pushing them up front, the better.

銃規制

インナーシティ[21]から銃をなくすべきだと考えています。そして銃製造業者の圧力団体を前にして、政治指導者たちの口からそれを伝えなくてはならないと思っています。しかしながら、ギャングの1人が人混みの中で無差別に発砲したとして、その原因が誰かに馬鹿にされたように感じたということならば、道徳的な問題があるとも考えます。
犯罪行為はもちろん罰しなくてはいけませんが、当人の心に空いた穴は、政府の策だけで埋められるものではないということも分かっておく必要があります。

――著書『The Audacity of Hope』 2006年10月

21）都心周辺にあるスラム化した地域。

I believe in keeping guns out of our inner cities, and that our leaders must say so in the face of the gun manufacturer's lobby. But I also believe that when a gangbanger shoots indiscriminately into a crowd because he feels someone disrespected him, we have a problem of morality. Not only do we need to punish that man for his crime, but we need to acknowledge that there's a hole in his heart, one that government programs alone may not be able to repair.

結婚問題にばかり気を取られていると、それ以外の法案が目に入らなくなってしまいます。ゲイやレズビアンに対する差別をなくすための実現可能な法案から注意がそれてしまうのです。

——著書『The Audacity of Hope』２００６年10月

The heightened focus on marriage is a distraction from other, attainable measures to prevent discrimination of gays and lesbians.

2006 10-12

権力を奪い取る

年配者たちが権力にあまりにも長くしがみついているせいで、道を塞いでいるように思えてなりません。次世代を担う若者の中で我こそはと思う人がいたら、ためらわずに立候補することもときには必要です。そして、人間というものはたいてい権力を簡単には手放そうとしないということを肝に銘じておかねばなりません。その権力は、彼らから奪い取るべきなのです。

――『Black Collegian』誌　2006年10月

I think that older folks hang on too long and stay in the way. I think that if a young person feels they can do a better job than somebody in the next generation, sometimes it's necessary to go ahead and run, and keep in mind that usually folks don't give up power easily. It has to be wrested from them.

妻は、私が報道で何を言われようと感動したりしません。彼女が感動するのは、私がごみを出したり、子どもたちを公園に連れて行ったりすることに対してです。

――『Essence』誌　２００６年10月

My wife is not impressed by what's said about me in the press. She's impressed by whether I take out the garbage, take the kids to the park.

現代の人種問題

いまの人種問題は、以前に比べて富や階級との関わりが深くなっています。差別や偏見がまったくないという意味ではありません。しかし私は思います。ビジネスの世界でも政治の世界でも、自分にとって役に立つ人間だと思うと、その人の肌の色が気にならなくなるのです。

――『Essence』誌 2006年10月

The issue of race now has more to do with wealth and class. That isn't to say there's no discrimination or bias. But I think that if people think you can help them, whether it's in business or politics, they can look beyond color.

問題は、状況がよくなっていないことではありません。状況にまだ改善の余地があるということです。私たちには、まだまだやるべきことがたくさんあるのです。

――ラジオ番組「Talk of the Nation」 2006年11月2日

The problem is not that things haven't gotten better. The problem is that they're not good enough, and we still have a lot of work to do.

信念だけはゆずらない

問題にどう対処しようか、あるいは選挙運動にどう取り組もうかと考えている時、たとえ期待どおりの方法に行き当たらなかったとしても、それが自分の価値観とおおよそ一致していて、あとは単に戦略的な問題だけということであれば、ある程度は許容することも必要ですし、私はそれでいいと思っています。ある意味それが、物事を前に進めるということなのです。しかし、もしそのやり方が自分の核となる信念に反するものならば、妥協したところで何の意味もありません。

――ラジオ番組「Talk of the Nation」 2006年11月2日

If I look at an issue or if I look at how I approach campaigning, if it's something that is consistent with my broader values and is just a matter of tactics—having to take half a loaf—then that's something I'm comfortable with, and that's sort of the nature of the process. If it's something that violates my core beliefs, then it's not worth it.

私には日頃から気をつけていることがあります。連邦議会に入ってからほんの数年なので、自分自身をよく見せようとしがちですが、そうならないよう努力しています。あまりにも本来の自分とかけ離れた発言ばかりしていると、ある時点から、いつもの自分とは異なる印象を持たれるようになります。代わりにテレビ映画なんかでよく見る悪い政治家のような人格を装うようになっていくのです。

――ラジオ番組「Talk of the Nation」 2006年11月2日

One of the things that I'm always battling—and I've only been on the national stage for a couple of years now—is that tendency to edit yourself so much that, at a certain point, you stop sounding like a regular person and you start taking on the persona of those bad politicians in TV movies.

投票の決め手

誰に投票するかは、見た目で決めるものではありません。その人の考え方に投票するのです。

――『Irish Times』紙 2006年11月4日

You don't vote for somebody because of what they look like. You vote for what they stand for.

事実を
なかったことには
してほしくありません。
私が黒人ではないとか、
黒人かどうかは
関係ないとか。

――『Sunday Times Magazine』誌　2006年11月5日

I don't want people to pretend I'm not black or that it's somehow not relevant.

大統領選出馬

私がしようとしているのは、完全に個人的な決断です。あらゆる外的要因を加味して検討しています。資金、組織編成、日程といったようなことです。しかし最も重視しているのは、大統領に立候補するだけの特別なもの、ほかの候補者にはないものを自分が持っているのかということです。出馬すれば言うまでもなく厳しい戦いが待っています。家族に負担を強いてまで立候補するほどの何かを自分が持っているのかということを真剣に考えています。

――『Chicago Tribune』紙　2006年11月20日

This is a profoundly personal decision that I'm going through. I'm looking at the external factors: money, organization, calendar, all those things. But the most important thing I'm looking at is, Do I have something unique to bring to a presidential race that would justify putting my family through what I think everybody understands is a grueling process?

アメリカ合衆国はもっと
謙虚になるべきです。
軍事力を用いて
他国に民主主義を
強要してもよいという
考え方を改めるべきです。

――『St. Louis Post-Dispatch』紙　２００６年11月20日

The United States should be more modest in our belief that we can impose democracy on a country through military force.

子ども時代

私は本当に困った子どもで、先生たちは手を焼いていました。

『Harper's』誌 2006年11月

I was such a terror that my teachers didn't know what to do with me.

決して忘れてはいけません。
神が私たちに考える力を
与えてくださったのは、
私たちがこの地上において
神の仕事[22]をするためなのです。

――世界エイズデーでのスピーチ　２００６年12月１日

22）本作では「人を救うこと」と解釈する。

We should never forget that God granted us the power to reason so that we would do His work here on Earth.

心の狭い政治

24時間休むことなく、相手を排除することばかり考え、非難広告を出し、口論に明け暮れるような心の狭い政治では、私たちが前へ進めるはずがありません。

――『Milwaukee Journal Sentinel』紙
2006年12月11日

It's 24-hour, slash-and-burn, negative-ad, bickering, small-minded politics that doesn't move us forward.

普通の人たちが夢を見る方法を忘れたわけではありません。指導者たちがそれを忘れてしまったのです。

――『Philadelphia Inquirer』紙 2006年12月11日

It's not that ordinary people have forgotten how to dream. It's just that their leaders have forgotten how.

世間から主要な経歴をチェックされ、厳しい質問を浴びるというプロセスをたどるのは、まさに合理的と言えます。そのプロセスの終わりに私が立候補を決めるとすれば、その頃には世間は私のことをかなりよく分かっているでしょうから。

――『Milwaukee Journal Sentinel』紙
2006年12月11日

It is entirely legitimate for people to look at the body of my experience and ask the tough questions and put us through the process. If I decide to run at the end of that process, people will know me pretty well.

彼女（ミシェル）は誰よりも賢くて、たくましくて、私を笑わせてくれる一番の親友です。これ以上は望めないくらいです。彼女はいつも私を支えてくれます。私たちはどんな決断をする時も、2人で一緒に決めます。

――『Washington Post』紙 2006年12月11日

She [Michelle] is the smartest, toughest, funniest best friend that I could ever hope for, and she's always had my back. Whatever decision we make, we'll make together.

新たなページ

アメリカは新たなページを
開こうとしています。
まだ見ぬ挑戦のための
準備は整っています。
これからは私たちの時代です。
新しい世代は、この国を
リードする覚悟ができています。

――『Washington Post』紙 2006年12月11日

America is ready to turn the page. America is ready for a new set of challenges. This is our time. A new generation is prepared to lead.

私に指導者としての素質があるかどうかは、履歴書を見るだけでは分かりません。

――『Chicago Tribune』紙　2006年12月15日

The test of leadership in my mind is not going to be what's on a paper resume.

勝てる

勝てると思って
いなければ、
出馬していないでしょう。

──『Chicago Tribune』紙　2006年12月15日

I wouldn't run if I didn't think I could win.

公職についてからこれまでの間、自分がどのように振る舞ってきたかということに非常に誇りを持っています。私の望みは人からこう言われることとです。「彼は完璧ではないが、自分の間違いを認めるし、それをできるだけ早く正そうとする」と。

――『Washington Post』紙　２００６年12月17日

I'm very proud of how I've conducted myself during the entire time I've been in public service. My hope would be that people come away saying, "He's not perfect, but he owns up to his mistakes and tries to correct them as quickly as possible."

自信

私には自信があります。もし誰かと同じ部屋に入れられたら、そこにいるのが黒人でも白人でもヒスパニックでも、共和党員でも民主党員でも、30分ももらえれば、ほとんどの票を手に入れて部屋を出ることができるでしょう。私は人とのつながりを持つ時に、人種や、地理や、背景による制約を感じないのです。

――『People Weekly』誌 2006年12月25日

I feel confident that if you put me in a room with anybody—black, white, Hispanic, Republican, Democrat—give me half an hour and I will walk out with the votes of most of the folks. I don't feel constrained by race, geography, or background in terms of making a connection with people.

変革

2007-2008

大統領選挙への出馬を
正式表明したオバマだが、
多数の強力なライバルがいた。
民主党ではヒラリー・クリントン
上院議員が最有力候補。
共和党にはジョン・マケインという
強敵がいた。
論戦を繰り広げるなかで、
オバマは一歩一歩
大統領の座に近づいていく。

バラク・オバマの歩み　PART5

2007

1月、大統領選挙への出馬を検討するための準備委員会設立届を連邦選挙委員会に提出。事実上の出馬表明を行う。

2月10日、イリノイ州の州都スプリングフィールドにて大統領選挙への立候補を正式に宣言。

環境・公共事業委員会を出て、健康、教育、労働、年金、国土安全保障及び政府問題委員会に伴う追加課題を扱う。

2008

1月3日、大統領選挙民主党予備選挙のアイオワ州党員集会において、ほかの候補者を10ポイント近い大差で破って勝利。ヒラリー・クリントン上院議員が最有力とされていた当初からの流れを変える端緒となる。

2月、『The Audacity of Hope』のオーディオブック版でグラミー賞最優秀スポークン・ワード・アルバム賞を受賞。

8月27日、民主党党大会において、民主党大統領候補の指名を正式に獲得。ジョセフ・バイデン上院議員を副大統領候補に指名。

11月4日、大統領選挙において、共和党大統領候補ジョン・マケインを破り勝利。

11月16日、上院議員を辞任。次期大統領として政権移行に向けた準備に専念することとなる。

1月20日、第44代アメリカ合衆国大統領に就任。

10月9日、ノルウェー・ノーベル委員会により、2009年度ノーベル平和賞受賞の決定が発表される。

12月10日、ノルウェーのオスロでの式典にてノーベル平和賞を授与される。

11月6日、大統領選挙において共和党大統領候補ミット・ロムニーとの接戦を制し、再選を果たす。

1月20日、大統領就任式における宣誓を以て、オバマ政権2期目が発足。

現実主義に立ち返る

この国は猛烈に変化を望んでいます。政策の変化だけではありません。人々が求めているのは、世の中の風潮が変わり、公益性の概念と協調性の感覚を取り戻すこと、つまり空理空論を超えた現実主義に立ち返ることです。私はそれを代わりに実現するためにここにいます。

――『U.S. News & World Report』誌　2007年1月8日

I think there is a great hunger for change in the country, and not just policy change. What I also think they are looking for is change in tone and a return to some notion of the common good and some sense of cooperation, of pragmatism over ideology. I'm a stand-in for that right now.

我々は内戦の子守をするつもりはありません。[23]

―――テレビ番組「The Today Show」　２００７年１月11日

We're not going to babysit a civil war.

23) イラク情勢に関する発言。

『Ebony』の表紙

１９８４年や１９８８年[24]がなかったら、私はここにいなかったでしょう。もし私が『Ｅｂｏｎｙ』[25]の表紙に載ったとしたら、それは私の力ではありません。非常にたくさんの人たちが私をそこに載せるために尽力してくれたということです。

――『The Sunday Times』紙　２００７年１月14日

24）１９８４年と１９８８年は、アフリカ系アメリカ人の政治家であるジェシー・ジャクソンが大統領に立候補した年。
25）アフリカ系アメリカ人向けの月刊誌。

I would not be here had it not been for 1984, or for 1988. If I'm on the cover of *Ebony*, it's not because of me. It's because a whole bunch of folks did the work to put me there.

大統領に立候補するというのは非常に大きな決断です。マスコミの煽りや個人的な野心だけを基に決断すべきことではありません。だからこそ、私と家族がこの選挙戦に専念する前に、確かめておきたいと思いました。これは私たち家族にとって正しい選択なのかどうか。そして何よりも、この国にとって正しい選択なのかどうか。

――ウェブサイト「Barackobama.com」２００７年１月16日

Running for the presidency is a profound decision—a decision no one should make on the basis of media hype or personal ambition alone— and so before I committed myself and my family to this race, I wanted to be sure that this was right for us, and more importantly, right for the country.

心を打たれたこと

自分がこんな立場になるとは、一年前にはまったく思ってもみませんでした。しかし各地を訪れ、みなさんと言葉を交わす中で、この国の人々がどれほどいままでとは違う政治に飢えているかということに心を打たれたのです。

――『USA Today』紙 2007年1月17日

I certainly didn't expect to find myself in this position a year ago. But as I've spoken to many of you in my travels, I've been struck by how hungry we all are for a different kind of politics.

大統領選への出馬は、非常に重大な決断です。また、自分の至らなさを非常に思い知らされる決断でもあります。だからこそ、自分には特別な何かが備わっていて、それをこの国のために役立てるべきなのだ、そしてそれは現時点でほかの誰にもできないことなのだという気持ちを持ち続けなければいけません。

――『Ebony』誌　2007年2月

The decision to run for president is a very serious one. And it's a very humbling decision. I have to feel that I have something unique to offer the country that no other person can provide right now.

家での役割

家にいる時に大事なのは、家での役割をきちんと果たすということです。私はいまだにやるべきことを忘れてしまいます。ミシェルには、「あなたはいい人だけど、やはり男ね」とよく言われます。靴下を脱ぎっぱなしにしてしまいますし、ズボンをドアにかけてしまいます。私の行動が間違っている時は妻が指摘してくれます。14年間で、彼女はかなり上手に私をしつけてきました。

──『Ebony』誌 2007年2月

It is important that when I'm home to make sure that I'm present. I still forget stuff. As Michelle likes to say, "You are a good man, but you are still a man." I leave my socks around. I'll hang my pants on the door. She lets me know when I'm not acting right. After 14 years, she's trained me reasonably well.

決して忘れないでください。私たちは、この国の歴史を作る力を持っているのです。運命や境遇のせいにして、何もせずに黙って見ているのは私たちらしくありません。なぜなら私たちは、行動と革新の民だからです。永遠に、可能性の限界に挑み続けているのです。

――アイオワ大学での演説「医療費削減と医療保険の提供――21世紀の医療制度について」 2007年5月29日

Never forget that we have it within our power to shape history in this country. It is not in our character to sit idly by as victims of fate or circumstance, for we are a people of action and innovation, forever pushing the boundaries of what's possible.

私たちは、軍の兵士やその家族たちを犠牲にしてきました。この戦争のために代償を払ってきました。にもかかわらず、目に見える結果は何も残せていません。中東全体の民主化についても、テロリズムへの決定的な対抗措置についても、暴動や反乱の終息についても。アメリカは解放者として歓迎される

With all that our troops and their families have sacrificed, with all this war has cost us, and with no discernible end in sight, the same people who told us we would be greeted as liberators, about democracy spreading across the Middle East, about striking a decisive blow against terrorism, about an insurgency in its last throes—those same people are now trumpeting the uneven and precarious containment of brutal sectarian

だろう、などと言っていた人たちはいま、宗教間の残忍な暴力的争いに対する、一方的で危険な封じ込め作戦を行うと吹聴しています。まるで、すべての失策の正当性を立証するかのように。しかし成功の可能性は低すぎて、ほとんど砂に埋まっています。

――アイオワ州クリントンでの演説「バラク・オバマ上院議員の見解――イラクの新たなスタート」２００７年９月12日

violence as if it validates all of their failed decisions. The bar for success is so low that it is almost buried in the sand.

外交軽視の結果

この戦争のあらゆる段階において、外交交渉を軽視してきたことが原因で、苦しい状況に陥ってきました。私たちは、同盟国を交渉の場に参加させてきませんでした。気に入らない相手とは話し合いを持とうとしませんでした。そのせいで、いまだにその地域における合意形成に至っていないのです。結果として、イラクはより過激化し、中東の情勢は不安定となり、アメリカの安全保障は脅かされているのです。

――アイオワ州クリントンでの演説「バラク・オバマ上院議員の見解
―イラクの新たなスタート」　２００７年９月12日

At every stage of this war, we have suffered because of disdain for diplomacy. We have not brought allies to the table. We have refused to talk to people we don't like. And we have failed to build a consensus in the region. As a result, Iraq is more violent, the region is less stable, and America is less secure.

私は、いまの行き詰まった政治から抜け出すため、国を導くことができると思っています。そうでなければ、この選挙戦に参加していないでしょう。こういった膠着状態が、この国の政治の特徴になってしまいました。過去6年間だけでなく、15年にもわたってです。

――『Reader's Digest』誌　2007年9月

I wouldn't be in this race if I didn't believe that I can lead us out of the political gridlock that has characterized us for more than just the last six years, that has characterized us for the last decade and a half.

アメリカの安全を守るために

どんな大統領であろうと、最優先事項は、アメリカの国民の安全を守ることであるはずです。極めて現実的なテロの脅威に対処するため、我が国が持つ力を有効利用するべきです。イデオロギーによって突き動かされた狂信的な人間たちを相手に、単に外交交渉を通して対処しようと思うのは無知だと言えます。ですから我が国の力を軍事的に利用すべきなのです。

The first priority of any president has to be to keep the American people safe. And so part of our power has to be deployed to deal with a very real terrorist threat. It would be naïve to think that simply through diplomacy we're going to deal with what is a set of ideologically driven fanatics. So we've got to deploy our power militarily. But what we also have to recognize is that keeping America safe involves giving other countries

しかし同時に理解しなければならないのは、アメリカの安全を守るためには、他国への相応の出資が必要だということです。
重要なのは、他国の若者たちに成功と繁栄を確実にもたらすことです。鏡越しに自分たちの成功だけを見ているようではだめなのです。

――『Reader's Digest』誌　２００７年９月

an investment in order. It's important to make sure that the young people in their countries are succeeding and prospering and not just looking through the glass at our own success.

みんなの希望

大都市にいても小さな町にいても、男性も女性も、老いも若きも、ブラックもホワイトもブラウンも、アメリカ人はみんな同じシンプルな夢を持っています。家族を養えるだけの給料がもらえる仕事。経済的負担の少ない、頼れる医療。落ち着いて安定した定年後の人生。子どものための教育とチャンス。共通の希望です。それがアメリカンドリームなのです。

――アイオワ州ベッテンドーフでの演説「バラク・オバマ上院議員の見解―アメリカンドリームを取り戻す」　2007年11月7日

In big cities and small towns; among men and women; young and old; black, white, and brown—Americans share a faith in simple dreams. A job with wages that can support a family. Health care that we can count on and afford. A retirement that is dignified and secure. Education and opportunity for our kids. Common hopes. American dreams.

アメリカは、私たちの夢の集合体です。私たちがつながり合い、1つのアメリカンファミリーになるためには、お互いの夢のために立ち上がり戦うこと、つまり基本的な信念を再確認することが必要です。「I am my brother's keeper, I am my sister's keeper」[26]と。政治を通して、政策を通して。そして、私たちの日常生活の中で。

——アイオワ州ベッテンドーフでの演説「バラク・オバマ上院議員の見解ーアメリカンドリームを取り戻す」2007年11月7日

26)「他人に対して責任を持ち、助け合う」の意。聖書に由来する言葉。

America is the sum of our dreams. And what binds us together, what makes us one American family, is that we stand up and fight for each other's dreams, that we reaffirm that fundamental belief—I am my brother's keeper, I am my sister's keeper—through our politics, our policies, and in our daily lives.

アメリカンドリームを取り戻す

アメリカンドリームを取り戻す必要があります。それは、ジョージ・ブッシュとディック・チェイニー（副大統領）からホワイトハウスを取り戻すことから始まります。私たちはうんざりしています。富裕層に対して減税をし、代わりに労働者にばかり負担を強いることに。CEOたちの給料がはね上がる一方で、最低賃金が上がるのを10年も待つことに。アメリカ人の中に、医療を受けられない人、

We need to reclaim the American dream. And that starts with reclaiming the White House from George Bush and Dick Cheney. We're tired of tax cuts for the wealthy that shift the burden onto the backs of working people. We're tired of waiting ten years for the minimum wage to go up while CEO pay is soaring. We're tired of more Americans going without health care, of more Americans falling into poverty, of more American

貧困に陥る人が増えていることに。大学へ行くための知能と意欲を持っているのに、経済的余裕がないために断念せざるを得ない子どもが増えていることに。もういい加減うんざりしているのです。私たちは、いつブッシュ政権に終止符を打ってもいい状態になっています。うんざりすることに、うんざりしているのですから。

――アイオワ州ベッテンドーフでの演説「バラク・オバマ上院議員の見解――アメリカンドリームを取り戻す」　２００７年11月７日

kids who have the brains and the drive to go to college—but can't—because they can't afford it. We're ready for the Bush administration to end, because we are sick and tired of being sick and tired.

私がしてきた判断

若い頃、ときには間違った決断をしたこともあります。しかし大人になってからは、胸を張れるような選択を何度もしてきたと自負しています。私が仕事を始めたのは、助けを必要とする人たちのためであり、土地や財産を奪われた人たちを擁護するためです。そして、楽な道が目の前にあろうとも、多くのリスクを負うことを選んできました。ですから、この25年で私がしてきた判断を見れば分かると思います。私は、自分に投げかけられた問題には、どんなことであろうと対処する人間なのです。

――『Newsweek』誌　2008年1月4日

I made some bad decisions early in my life, but as an adult I made a series of choices that I'm very proud of. I got to work on behalf of people who needed help, to advocate for the dispossessed, and took a lot of risks when a comfortable path was before me. So I think my judgments over the last twenty-five years indicate somebody who handles just about anything that is thrown at him.

私は、自分の発言内容を曲解されているように感じることがあります。くだらない政治的点数稼ぎが目的なのでしょう。がっかりしますし、うんざりします。ときには腹が立つこともあります。ですから私は、ほかの人に対して同じことをしないようにしています。

――ウェブサイト「Beliefnet.com」 2008年1月

There are times where I feel as if people are just distorting what I say to score cheap political points. And that gets you frustrated or weary or occasionally angry. And so, I try not to do that to other people.

私の特性

世間一般のアラブ人や、インドネシア人、ナイジェリア人、アジアのイスラム教徒たちにとって、彼らの文化に精通している私の存在は大きいだろうと思います。もし私が大統領だったら、アメリカに対する彼らの見方は、いまとは違うものになっているでしょう。そして私の持つ特性は、単に象徴としての役割を果たすだけではありません。西欧とイスラム諸国の間に、より多くの対話を実現するという建設的な用途に利用することができます。それは最終的に、我が国の安全保障の強化につながるのです。

――ウェブサイト「Beliefnet.com」２００８年１月

I do think that for the average Arab or Indonesian or Nigerian or Asian Muslim on the street that my familiarity with their culture would have an impact. I think that they would view America differently if I were president. Now, that is not just symbolic. That is something that could be used in a constructive way to open greater dialogue between the West and the Islamic world and that ultimately could make us more safe.

フェアかどうか

私は、自分の言っていることがフェアかどうかを判断する時、自分がそれを受け取る側だったらどう感じるだろうかと想像してみます。世の中にはたくさんの人がいます。この選挙戦の中では、批判されることも何度もありました。そういう時、私は自分に言い聞かせます。これはフェアな批判だと。この批判に異を唱えることだってできるのだからと。しかしこれは本質的に重要なことであって、批判があるということは、意見の相違があるということなのだと。

――ウェブサイト「Beliefnet.com」 2008年1月

I try to measure whether what I'm saying is fair by seeing how I would feel if I was at the receiving end of it. And, you know, there are a number of people—there have been a number of times where I've been criticized during the course of this campaign. And I say to myself, Well, that's a fair criticism in the sense that I may disagree with the criticism, but it's substantive and there's a legitimate difference of opinion.

日々信仰に従って生きているかどうか、誰もがそれを確かめるためのプロセスの中にいます。自分の生き方は、自分の信仰と矛盾していないだろうか。私は1日の始めと終わりにそう問いかけるようにしています。毎晩私が神に捧げる祈りはとてもシンプルなものです。イエス・キリストの御名によって、私の罪をお許しください。私の家族をお守りください。神の御心のままにお導きください。私は、神の意志に常に同調しようとしているのです。

——ウェブサイト「Beliefnet.com」 2008年1月

It's an ongoing process for all of us in making sure that we are living out our faith every day. It's something that I try to pray on at the beginning of every day and at the end of every day, whether I'm living my life in a way that's consistent with my faith. The prayer that I tell myself every night is a fairly simple one: I ask in the name of Jesus Christ that my sins are forgiven, that my family is protected, and that I am an instrument of God's will. I'm constantly trying to align myself to what I think He calls on me to do.

運動習慣

（予備選挙の期間中ですが）かなり調子いいですよ。運動に力を入れてきましたからね。毎朝体を動かすようにしています。バスケットボールをたまにやるんですが、気づいたことがあるんです。アイオワ州と、サウスカロライナ州の予備選[27]の前にはバスケットをやっていたんですが、ニューハンプシャー州とネバダ州[28]の前にはやっていなかったんです。ですからいまは、投票日にはバスケットボールをやらなくてはいけないという明確なルールを設けています。

――テレビ番組「60 Minutes」 2008年2月7日

27）アイオワ州とサウスカロライナ州はオバマが勝利した州。
28）ニューハンプシャー州とネバダ州はオバマが敗戦した州。

I've held up pretty good [during the primary], but I've been religious about getting my exercise, so I've been working out every morning. We play a little basketball. We realized that we had played basketball before Iowa and before South Carolina, but not before New Hampshire and Nevada. And so now, we've made a clear rule that on Election Day, I have to play basketball.

私には、自分の上院議員のオフィスを運営してきた経験がありますし、この選挙活動も取り仕切っています。このような経歴に関する議論の中で興味深いと思うのは、経験年数の長さこそが重要だと言い張る人が多いということです。「私のほうが長くやっている」と主張するのです。世の中にはGoogleより歴史のある企業がたくさんありますよね。しかしそれとは関係なく、Googleは成果を上げています。

――テレビ番組「60 Minutes」　2008年2月7日

I've run my Senate office, and I've run this campaign. One of the interesting things about this experience argument is that it's often posed as just a function of longevity, "I've been here longer." There are a lot of companies that have been around longer than Google, but Google's performing.

派閥争いは無用

保守派とリベラル派に分裂し始めると、銃規制のことであろうと医療問題のことであろうと、私たちは決まって対立する傾向に陥ってしまいます。税に関する議論にしても、結局は上げるか、下げるかで意見が割れる羽目になってしまいます。私はそんなことを聞きたいのではありません。余裕のある高所得者たちには増税を、本当に助けを必要としている低所得者たちには減税を行いませんか？　私はそれを議論したいのです。保守かリベラルかといった従来の枠組みは何の役にも立ちませんし、問題解決の妨げになる一方です。

――オンラインメディア「Politico.com」　2008年2月11日

When we start breaking down into conservative and liberal, we've got a bunch of set predispositions, whether it's on gun control or health care. Any discussion about taxes ends up being are you raising them or lowering them, as opposed to the question I ask— are we raising them for high[er] income individuals that can afford it, and lowering them for lower income people who really need help? Those old categories don't work, and they're preventing us from solving problems.

黒人だからという理由で私に投票しない人がいるのは確かです。それ以外にも、私に投票したくない人はいるでしょう。私が若いから。耳が大きいから[29]……あるいは私の政治哲学が気に入らないから。

――『U.S. News & World Report』誌　２００８年２月15日

29）幼少時、オバマは耳が大きいことでからかわれていた。

I have no doubt that there are some people who won't vote for me because I'm black. There would also be some people who won't vote for me because I'm young, because I've got big ears . . . or [because] they don't like my political philosophy.

私はケニア出身の黒人男性と、カンザス州出身の白人女性との間に生まれました。そして白人の祖父母の元で育ちました。

祖父は世界大恐慌を生き抜き、第二次世界大戦ではパットン将軍に仕えました。祖母は、祖父が海外に出征している間、フォート・レブンワース[30]で爆撃機の組み立て作業に従事していました。

私はアメリカでも指折りの名門校に通ったことがあります。一方で、世界で最も貧しい部類に入る国に住んだこともあります。

私は黒人のアメリカ人と結婚しました。妻の中

I am the son of a black man from Kenya and a white woman from Kansas. I was raised with the help of a white grandfather who survived a Depression to serve in Patton's Army during World War II, and a white grandmother who worked on a bomber assembly line at Fort Leavenworth while he was overseas. I've gone to some of the best schools in America and lived in one of the world's poorest nations. I am married

には、奴隷や奴隷所有者の血が流れており、それは、大切な2人の娘たちにも受け継がれています。また、私には、3つの大陸のあちこちに、あらゆる人種、あらゆる肌の色の兄弟、姉妹、姪、甥、おじ、いとこがいます。私は生きているかぎり決して忘れません。地球上のほかの国では、私の人生は絶対にあり得なかったということを。

――ペンシルベニア州フィラデルフィアでの演説
「A More Perfect Union」 2008年3月18日

30) カンザス州にある軍事施設。

to a black American who carries within her the blood of slaves and slaveowners—an inheritance we pass on to our two precious daughters. I have brothers, sisters, nieces, nephews, uncles, and cousins, of every race and every hue, scattered across three continents, and for as long as I live, I will never forget that in no other country on earth is my story even possible.

白人たちの鬱憤

労働者階級や中流階級の白人アメリカ人の大半は、白人であることによって特権を得ているとは感じていません。彼らが経験してきたことは、移民としての経験であり、彼らに関して言えば、誰からも何も与えられずに、一から自分たちの生活を築き上げてきたということになるのでしょう。彼らは仕事に人生を捧げてきた挙句、雇用の海外流出によって失業に追い込まれたり、現役引退後に年金が支給されなかったり、そういった目に何度もあっています。自分たちの将来に不安を覚え、抱いてきた夢が消えてなくなっていくのを実感しています。賃金が上がらないまま国際競争ばかりが進む時代の中、まるでチャンスをつかむためのゼロサム・ゲームをしているかのようです。

Most working- and middle-class white Americans don't feel that they have been particularly privileged by their race. Their experience is the immigrant experience—as far as they're concerned, no one's handed them anything, they've built it from scratch. They've worked hard all their lives, many times only to see their jobs shipped overseas or their pension dumped after a lifetime of labor. They are anxious about their futures, and feel their dreams slipping away; in an era of stagnant wages and global

自分の夢の犠牲の上に、誰かの夢が成り立っているのです。
その上彼らは、子どもたちを町の反対側にある学校までバスで通わせるよう指示されるのです。自分たちは不正を働いたことなど1度もないというのに、アフリカ系アメリカ人が不正行為によってよい働き口を見つけたり、よい大学に入ったりするための有利な条件を得ていることを知るのです。そして都市近郊の犯罪に対して恐怖心を示せば、それは何らかの偏見によるものだと言われるのです。そうやって、時間とともに白人たちの鬱憤はたまっていくのです。

——ペンシルベニア州フィラデルフィアでの演説
「A More Perfect Union」 2008年3月18日

competition, opportunity comes to be seen as a zero sum game, in which your dreams come at my expense. So when they are told to bus their children to a school across town; when they hear that an African-American is getting an advantage in landing a good job or a spot in a good college because of an injustice they themselves never committed; when they're told that their fears about crime in urban neighborhoods are somehow prejudiced, resentment builds over time.

ライト牧師との関係

私は（ライト牧師[31]との）関係を断つことはできません。それは、私が黒人社会との関係を断つことができないのと同じです。私は彼と縁を切ることはできません。それは、私が白人の祖母と縁を切ることができないのと同じです。祖母は私を育ててくれました。私のために、何度も何度も犠牲を払ってくれました。この世の中で祖母が愛したものすべてに劣ることなく、私を愛して

I can no more disown [Reverend Wright] than I can disown the black community. I can no more disown him than I can my white grandmother— a woman who helped raise me, a woman who sacrificed again and again for me, a woman who loves me as much as she loves anything in this world, but a woman who once confessed her fear of black men who passed by her on the street, and who on more than one occasion has uttered

くれました。
しかしそんな祖母でさえ、路上ですれ違う黒人男性に恐怖を感じると私に打ち明けたことがあります。祖母が人種や民族に対する固定観念を口にし、気まずい思いをしたことも1度や2度ではありません。

――ペンシルベニア州フィラデルフィアでの演説
「A More Perfect Union」 ２００８年3月18日

31）ジェレマイア・ライト牧師は、オバマと関係の深い牧師。反アメリカ的な過激な発言を行ったことで、大統領選におけるオバマの立場を一時危うくした。

racial or ethnic stereotypes that made me cringe.

ライト牧師との政治的見解の相違

ライト牧師が、アメリカの国内政策や外交政策について、ときに猛烈に批判をする人だと知っていたか？

もちろん知っていました。

教会にいる時、彼が物議を醸すような発言をするのを聞いたことがあるか？　ええ、あります。

彼の政治的見解の多くに強い異論があったか？

もちろんありました。

みなさんの中にも、牧師や司祭やラビ[32]の発言を聞いて、まったく違う意見を持ったことがある人がたくさんいると思います。それと同じことです。

——ペンシルベニア州フィラデルフィアでの演説
「A More Perfect Union」　2008年3月18日

32）ユダヤ教の指導者。

Did I know him to be an occasionally fierce critic of American domestic and foreign policy? Of course. Did I ever hear him make remarks that could be considered controversial while I sat in church? Yes. Did I strongly disagree with many of his political views? Absolutely—just as I'm sure many of you have heard remarks from your pastors, priests, or rabbis with which you strongly disagreed.

ライト牧師のコメントは、不適切な上に、軋轢《あつれき》を生むものでした。私たちが団結しなければならない時に対立を招くものでした。一丸となって途方もなく大きな問題に取り組まねばならない時に、人種的論争を巻き起こしかねないものでした。

2つの戦争、テロの脅威、悪化する経済情勢、慢性的な医療危機、甚大な被害をもたらす可能性のある気候変動。これらの問題は、黒人だろうが白人だろうが、ラテン系だろうがアジア人だろうが関係なく、私たち全員の目の前に立ちはだかる問題なのです。

――ペンシルベニア州フィラデルフィアでの演説
「A More Perfect Union」 2008年3月18日

Reverend Wright's comments were not only wrong but divisive, divisive at a time when we need unity; racially charged at a time when we need to come together to solve a set of monumental problems—two wars, a terrorist threat, a falling economy, a chronic health care crisis, and potentially devastating climate change; problems that are neither black or white or Latino or Asian, but rather problems that confront us all.

ライト牧師は、白人による人種差別を非難しています。彼自身が明確にそう述べています。ライト牧師は白人ではありません。黒人が優れていると言っているわけでもありません。彼が言っているのは、白人の人種差別主義が社会に蔓延しているということです。そしてそれは、私と意見が食い違う点です。

He is condemning white racism, as he defines it, but he is not the white race. He is not suggesting that blacks are superior. What he's saying is that white racism is endemic in the society. Now, that's something that I disagree with. It's reflective of an anger and bitterness that is part of the black community's experience. It's a legacy of our past that isn't going away anytime soon. But in each successive generation, it hopefully lessens its grip.

彼の主張は、黒人社会が経験してきた怒りや苦しみを反映しています。それは過去の世代から受け継がれてきたものであり、いますぐに消えてなくなることはないでしょう。しかし世代を重ねるごとに、その影響が薄れていくことを私は期待しています。

——ABC News放送　2008年3月19日

アフリカ系アメリカ人であることの意味

この選挙戦の中で、こんな声を耳にする瞬間があります。バラク・オバマは好きだけど、アル・シャープトン[33]は好きじゃない。コリン・パウエル[34]は好きだけど、ジェシー（・ジャクソン）[35]は好きじゃない。でもオプラ（・ウィンフリー）[36]は好きだ、と。しかし私たちアフリカ系アメリカ人には、そのようなことは言えません。自分自身を切り離し、[37]そんなふうに他

During the course of this campaign, there have been moments where people say, Well, I like Barack Obama, but not Al Sharpton. I like Colin Powell, but not Jesse [Jackson]. I like Oprah [Winfrey], but, you know, those of us who are African-American don't have that luxury. I don't have the luxury of separating myself out and being selective, in terms of what it means to be African-American in this society. It's a big, complex thing.

人を選り好みすることはできません。この社会の中で、アフリカ系アメリカ人であることが何を意味するのか、それを考えればこそです。

これは大きくて、複雑な問題です。単純なものではありません。

——ABC News放送　２００８年３月19日

33）アフリカ系アメリカ人の政治活動家。
34）アフリカ系アメリカ人初の国務長官。
35）アフリカ系アメリカ人の政治家。
36）アフリカ系アメリカ人の司会者。
37）人種問題から切り離して考えること。

It's not monolithic.

景気後退の原因

私たちが不況に陥っている理由の1つは、経済のバランスが取れていないからです。

ほら、ヘンリー・フォード[38]でしたよね。

「従業員たちに、自社の車を購入してもらうための十分な給料を払わなければ、私のビジネスは長くは続かないだろう」と最初に言ったのは。

そして私たちが市場経済のバランスを失えば、最終的に、一部の人だけが短期間で大儲けするという事態が発生するのです。


――CNBC放送テレビ番組「Closing Bell」

2008年3月27日

Part of the reason we're in a recession is because we have an unbalanced economy. Look, you know, Henry Ford was the first one to say, "If I don't pay my workers enough to buy my cars, my business isn't going to be around for a long time." And when we lose that balance, what ends up happening is in the short term you've got some people who make out like bandits.

38）自動車会社フォード・モーターの創業者。

実際には、中小企業に対してより多くの税制優遇措置を講じたいと思っています。中小企業が国民の主な収入を生んでいると考えているからです。

――CNBC放送テレビ番組「Closing Bell」
2008年3月27日

I actually want to provide more tax breaks to small businesses, because I think they are the primary generator of income.

クリントン上院議員

クリントン上院議員は国のために働く素晴らしい人物だと思います。頭の切れる人ですし、間違いなく手強い競争相手です。しかし前にも申し上げたように、彼女とはこの選挙が始まる前からの友人でした。そして選挙が終わってからも友人であることには変わりありません。もちろん私のほうが大統領に相応しいと思っています。そうでなければ立候補していません。

――KDKAラジオ放送　2008年3月31日

I think that Senator Clinton is a terrific public servant. She's a smart person, she is obviously a fierce competitor. But I've said before, she was a friend of mine before this election started, and she'll be a friend afterwards. Obviously I think I'd be the better president, otherwise I wouldn't be running.

インディアン局内だけでなく、ホワイトハウスの中にも、先住民たちのニーズを私の耳に直接届けてくれる人を置く必要があります。その人には部族の長たちと少なくとも年に1回は面会し、彼らの懸念を直接ヒアリングするという務めを果たしてもらいたいのです。インディアン局は、時代に取り残された場所のようになっており、政府の中であまり影響力を持っていません。私は彼らを政治の中心に立たせたいと思っています。なぜならどの基準で考えても、先住アメリカ人たちは、一般的な人たちに比べてはるかに大変な思いをしているからです。

――『Great Falls Tribune』紙　2008年4月6日

We have to have somebody not just in the Bureau of Indian Affairs, but somebody in the White House who has my ear directly, to communicate the needs of native populations, and a commitment for me to meet at least once a year with tribal leaders and hear directly about their concerns. The Bureau of Indian Affairs has become sort of a backwater; it doesn't have a lot of clout in the administration. I want to put it front and center, because on every indicator, Native Americans are having a much tougher time than the population at large.

軍隊における同性愛者について

「聞くな言うな」政策[39]が撤廃されるのは当然のことでしょう。私は雇用差別禁止法案[40]の通過と成立を後押しすることができると思っています。米軍内でも「聞くな言うな」は逆効果だという見方が浸透してきたように思います。わざわざ多額の資金を注ぎ込んで、有能なゲイやレズビアンを軍から追

I reasonably can see "Don't Ask, Don't Tell" eliminated. I think that I can help usher through an Employment Non-Discrimination Act and sign it into law. I think there's increasing recognition within the Armed Forces that this is a counterproductive strategy. We're spending large sums of money to kick highly qualified gays or lesbians out of our military, some of whom possess specialties like Arab-language capabilities that we

い出しているのです。彼らの中には、私たちが切実に必要としているアラビア語の能力のような得意分野を持つ人たちもいます。この政策は、私たちの安全性を高めてくれるものではないのです。

――LGBTQ向けオンラインメディア「Advocate.com」
2008年4月10日

39）性的指向を隠し通すことを条件に、同性愛者にもアメリカ軍へ入隊する権利を認める政策。
40）性的指向や性自認を理由とする雇用差別を禁ずる法案。

desperately need. That doesn't make us more safe.

決定的なファクター

人種はいまだに私たちの社会のファクターなのでしょうか？

はい、そうです。そのことについて異論のある人はいないでしょう。

では、それは本選挙での決定的なファクターになるのでしょうか？

いいえ。私ははっきりと断言できます。アメリカの国民が求めているのは、人種を問わず、問題を解決してくれる人なのです。


――テレビ番組「Fox News Sunday」２００８年４月27日

Is race still a factor in our society? Yes. I don't think anybody would deny that. Is that going to be the determining factor in a general election? No, because I'm absolutely confident what the American people are looking for is somebody who can solve their problems.

政府は、国民が抱える問題のすべてを解決できるわけではありません。しかし、国民の力だけでは実現できないことを行うのが政府の役割です。損害から国民を守ることや、すべての子どもに適切な教育を受けさせること。水をきれいに保つことや、おもちゃの安全性を確保すること。そして新しい学校や道路、科学技術に投資することです。

――民主党全国党大会での指名受諾演説　２００８年８月28日

Government cannot solve all our problems, but what it should do is that which we cannot do for ourselves—protect us from harm and provide every child a decent education; keep our water clean and our toys safe; invest in new schools and new roads and new science and technology.

我が国の真の強さ

今夜、私たちは改めて証明しました。我が国の真の強さは、兵器の力や富の大きさではありません。私たちの理想がもたらす不朽の力、すなわち民主主義や自由、チャンス、不屈の希望といった理想が生み出す、揺るぎない力なのです。

――イリノイ州シカゴにあるグラント・パークでの
大統領選挙勝利演説　2008年11月4日

Tonight we proved once more that the true strength of our nation comes not from the might of our arms or the scale of our wealth, but from the enduring power of our ideals: democracy, liberty, opportunity, and unyielding hope.

私は決して次期大統領の最有力候補ではありませんでした。

——イリノイ州シカゴにあるグラント・パークでの
大統領選挙勝利演説　２００８年11月４日

I was never the likeliest candidate for this office.

どんな時も

私はどんな時も、直面する課題について、みなさんにありのままをお伝えしようと思っています。みなさんの声を聞き、異なる意見がある場合は特に注意して耳を傾けるつもりです。

――イリノイ州シカゴにあるグラント・パークでの大統領選挙勝利演説　2008年11月4日

I will always be honest with you about the challenges we face. I will listen to you, especially when we disagree.

セレクション

まだまだある、
あの日あの時の
バラク・オバマの言葉たち。

1 『Dreams from My Father』

『Dreams from My Father』を書いた時、確かに私は政治家ではありませんでした。しかし私は伝えたかったのです。若者が、特に若い黒人男性がどのように、そしてなぜ、安易に危険に近づき、自滅へと向かうのかを。

——『New Yorker』誌　2004年5月31日

2 神への信仰

不信感が少しもないと言えば嘘になりますが、それでも神への信仰を持ち続けています。

——ABC放送テレビ番組「This Week with George Stephanopoulos」　2004年8月15日

3 アフガニスタンについて

アフガニスタンにおいて私たちは正しいことをしたと思っています。唯一懸念があるとすれば、イラクに進出したことで、アフガニスタンから私たちの意識がそれてしまったということです。これまでにもアフガニスタンの人たちを支援してきましたが、彼らの国を安定させるためにもっとできることがあったのではないかと思います。私たち全員が一丸となって彼らを支えていかねばなりません。そして、現状を改善するための支援を確実に提供していかねばなりません。

——イリノイラジオ放送「Illinois Senate Debate」
2004年10月12日

4 | テロの脅威に立ち向かう

より合理的な手段は、テロの準備拠点として実際に利用され、我が国に甚大な危害をもたらす国はどこかという証拠をつかみ、その国で活動しているテロリストに焦点を当て、攻撃を開始することです。アメリカはあらゆる軍事的選択肢を確保しておかねばなりません。迫り来る脅威に立ち向かうためです。そして賢明なやり方が求められているのです。

――――――イリノイラジオ放送「Illinois Senate Debate」
2004年10月12日

5 | ブッシュ政権の失策

ブッシュ政権は一貫して無知でした。イラクにおいて私たちは解放者として歓迎されるだろうという浅はかな考えを持っていました。そして、新たなテロリストの勧誘活動を現実として減らすことができるだろうという、甘い考えを持っています。しかし実際は、テロ脅威の増大に拍車をかけているのです。平和を確保することがいかに難しいかを分かっていません。アメリカの軍隊や納税者たちは、こういった失策によって苦しめられているのです。

――――――テレビ討論会「Illinois Senate Debate」
2004年10月26日

6 | 宗教に目覚めたふり

宗教を理解していない民主党員に、突然宗教に目覚めたようなふりをしてもらいたくありません。

— ラジオ番組「All Things Considered」 2005年3月10日

7 | アフリカ系アメリカ人

私は、圧倒的大多数のアフリカ系アメリカ人は勤勉であり、自分のやるべきことをやろうという意志を持っていると強く信じています。けれども時折、物事に対して自分たちで責任を負うよりも、白人のせいにしてしまうほうが楽だと思ってしまうのも事実です。

——— チャールズ・バークレー著『Who's Afraid of a Large Black Man?』 2005年3月

8 | スピーチで意識していること

「何人にも悪意を抱かず、すべての人に思いやりの心を[41]」という引用を耳にすることがあります。しかし実際の世間の状況は、すべての人に悪意を抱き、何人にも思いやりの心を持っていません。そう思うたび、私はやりきれない気持ちになります。人をいい気分にさせるからといって、そういった類のアプローチをスピーチの中に組み込むのは危険です。私が意識しているのは、あまりにも聞こえがいいことや、リスクを回避するような発言をしないということです。そうしてしまうと、結局ほかの人たちと何ら変わりないと思われてしまうからです。

―――――――――『Chicago Tribune』紙　2005年6月26日

41）エイブラハム・リンカーン元大統領の言葉。

9　リンカーンを思い出す

あまりにもイメージばかりが先行し、実体が伴わない時。この国の政治が格差を埋めるどころかむしろ助長していると感じる時。貧しい若者が貧困から抜け出すことが、権力者にとってはどうでもよいことのように思える時。自分とは違う考え方をする人のことを、神の存在を引き合いに出して非難してしまう時。自らの理解力のなさを神に懺悔することができない時。そのような時は、この実在した人物[42]を思い出すといいでしょう。

―――――――――『Chicago Tribune』紙　2005年6月26日

42）エイブラハム・リンカーン元大統領を指す。

10　アフリカ系アメリカ人と上院の歴史

上院の歴史をふり返ってみると、この上院という機関自体が、この国の歴史の大部分においてどれほどアフリカ系アメリカ人の発展を妨げてきたかということがはっきりと分かります。これは私たち上院にとって悲しい事実です。汚点です。いまや上院では、経済問題が主な争点になることはあっても、人種をめぐって論争が繰り広げられることはそれほど多くありません。

―――――――――『Chicago Tribune』紙　2005年6月26日

11 「落ちこぼれゼロ運動」

「落ちこぼれゼロ運動[43]」は、私が最も重要だと考える教育問題には触れていませんでした。それは、どうすれば優秀な人材に教職を続けてもらえるか、教員の給料とパフォーマンスを実質的に上げるにはどうすればよいかということです。

――――アスペン研究所でのスピーチ　2005年7月2日

43）ブッシュ政権による教育施策。落ちこぼれ防止法とも呼ばれる。全国的に学力測定のテストを行い、生徒の成績次第で学校や教師の評価が決まり、基準をクリアできなかった場合、制裁措置や改善要求がなされた。結果的には関連した問題が頻発した失策とみなされている。

12 現政権の無関心さ

現政権は黒人のことを気にかけていないというのは、あまりにも単純化しすぎた表現です。より正確に言うなら、現政権の政策は、貧しい地域に住む貧しい人たちの苦境を考慮していません。今の悲惨な状況が、現政権の無関心さを反映しています。しかしこの無関心さは、特定の党派だけに偏ったものではないということも言わざるを得ません。

――――『Chicago Tribune』紙　2005年9月11日

13 若者たちを戦地へ送ること

私たちにとって、これ以上に深刻な決断はありません。この国の若者たちを戦争へ送るということはそれほど重大なことなのです。そして私たちには道義的義務があります。正当な理由があって彼らを戦地へ送るのはもちろんのこと、できるかぎり正しい情報と判断力を持って、常に検討し続けなければならないのです。どのような方法で、どのような目的で、いつまで彼らを危険にさらしておくのかということを。

――― シカゴ外交問題評議会でのスピーチ　2005年11月22日

14｜政治家の過去について

政治家の20年前、30年前の発言をあまりにも重要視することには慎重な姿勢を取っています。その発言が、現在のその人の考えをそのまま示しているとは思いません。

――― サミュエル・アリート判事の最高裁への指名についての発言
『Chicago Tribune』紙　2005年12月5日

15｜見解を正直に伝える

私は党の宣伝担当者ではありません。それは私のやるべきことではありません。このような演説を行う上での私の任務、そして目的は、世の中の状況に対する自分の見解を、できるかぎり正直に伝えようとすることです。メディアや共和党、さらには民主党までもが、私の発言を共和党に都合のいいように解釈しようとするかもしれません。しかし、だからといって発言内容に制限を加えたり、変更したりしてしまえば、私に話せることはほとんどなくなってしまうのです。

―― New York Timesのブログサイト「The Opinionator」
2006年1月13日

16 二項対立からの脱却

いまの民主党内は、方針について意見が二分しています。どちらかを選ばなければならないというのは間違っていると思います。一方は、ジョージ・ブッシュが行うすべてのことに反対し、昔ながらの党の信条にこだわるべきだと主張する人たち。もう一方は、方針が何年もかけてどんどん右寄りになっているのに、それに気づかないまま妥協しているだけの人たちです。我々に必要なのは、この二項対立から脱却することです。

——『Time』誌　2006年2月13日

17 武器として石油が使われる脅威

我々の敵は完全に気づいています。石油がアメリカを攻撃するための武器として使えるということを。この脅威を、彼らが製造する爆弾や、購入する銃と同じくらい深刻な脅威として受け止めなければ、テロを相手に、まるで片手を背後で縛られたような不利な状態で戦うことになるのです。

——全米バイオエタノール推進州知事連合でのスピーチ　2006年2月28日

18 エネルギー自給の遅れと矛盾

アメリカは石油に依存していると言いながら、エネルギー自給に関する実質的な計画に取り組もうとしません。それは、アルコール依存症だと認めているにもかかわらず、

12ステッププログラム[44]を受けずにいるようなものなのです。

――――――――『Chicago Tribune』紙　2006年4月3日

44）依存症回復プログラム。

19｜化石燃料からの脱却の必要性について

このまま化石燃料を使い続けていると取り返しのつかない状況になることは、科学的に疑いようのない事実です。化石燃料への依存状態から抜け出し、この国のエネルギーに関する新しい方針を立てないかぎり、これからの世代を地球の破滅へと追いやることになるでしょう。

――――――――『Chicago Tribune』紙　2006年4月6日

20｜プライバシーについて

アメリカ人が独立戦争を戦ったのは、権利を勝ち取るためでもありました。理不尽な捜査を受けないようにするため、つまり政府の職員が理由もなく真夜中に訪問して来るようなことをなくすためです。私たちは前に進むための道を見つけなくてはなりません。確実にテロリストを撃退しつつ、罪のないアメリカ人のプライバシーを保護し、自由を守るための道を。

――――――――マイケル・ヘイデンの指名承認公聴会でのスピーチ　2006年5月25日

21｜政党について

今日、白人のアメリカ人の中で、支持政党に最も違いが見られるのは、男女間ではありません。いわゆるレッドステートに住む人と、ブルーステートに住む人の差でもありません。教会に定期的に通う人と、そうでない人の間で大きな違いが見られるのです。

– Call to Renewal主催会合での基調演説　2006年6月28日

22 | 石油と引き換えに彼らが得るもの

我が国がエネルギー需要を満たすために依存しているのは、中東やそのほかの地域の中でも特に政治的に不安定な国々です。その国が民主主義を目指していようが、核保有を目論む独裁政権を敷いていようが、あるいは若者の心にテロリズムの種を植えつけるマドラサ[45]を保有していようが関係ありません。私たちが石油を必要とするかぎり、彼らは私たちから資金を得るのです。

――『Crain's Chicago Business』紙　2006年9月4日

45) イスラム教の神学校。

23 | 考えを率直に表現する

私は当選するためのフリーパスを得たようなものでした。なぜなら、あまり中傷広告の対象にならなかったからです。誰も私が勝つとは思っていなかったのです。そういった状況から、私には、自分の考えをかなり率直に表現するという基本的な習慣が身に付きました。そしてそれは私にとって役に立つものでした。ですからその姿勢を維持したほうがよさそうだと判断したのです。

——『New York Magazine』誌　2006年10月2日

24｜移民を巡って

アメリカは移民の国です。しかし、この国で暮らそうとすると、市民権を得るための道を通らないといけません。不法滞在の罰金を払わされながら、申請者の列の最後尾で順番待ちをしなければならないのです。法律に則って入国申請した人の前に割り込むことはできません。そして不法滞在者を働かせた雇用主に対しては、実際に強制力のある罰則規定が必要です。おそらくそれが、私たちにできる最も重要なことなのです。

——テレビ番組「Larry King Live」　2006年10月19日

25｜イラクに対して責任を負うべきは

アメリカが、軍の段階的な撤退を開始するのは当然のことです。イラクの人々に伝えねばなりません。イラクに対して責任を負うべきなのはイラク人であり、どうやってともに生きていくのか、それを決めるのは彼ら自身なのだと。

——テレビ番組「Larry King Live」　2006年10月19日

26｜ありもしない対立

現在、必要以上の対立関係がでっち上げられていると言えます。テレビ広告の中で、両政党がお互いを描写し合い、その表現方法によって、ありもしない対立関係が作り上げられていくのです。この果てしないキャンペーンが途切れることはなさそうです。そのせいで私たちは、実際の国政にじっくりと取り組むことができないのです。

――テレビ番組「Charlie Rose Show」 2006年10月19日

27 喫煙習慣について

長年タバコを吸っていましたが、やめました。しかし時々気が緩むと吸ってしまうことがあります。禁煙は終わらない戦いです。

――オンラインメディア「Knight Ridder Tribune」 2006年10月20日

28 時の人

私はいま、時の人になっています。この国はセレブリティ文化ですから、話題にするための人物が必要なのです。

――『San Francisco Chronicle』紙 2006年10月26日

29 まっさらなスクリーン

私は政界ではまだまだ新人なので、まっさらなスクリーンのような役目を果たしています。非常にさまざまな政治的色彩を持つ人たちが、そこにそれぞれの見解を投影しているのです。そういう状況ですから、全員ではないにしても、一部の人を失望させることは避けられないでしょう。

――『The Times of London』紙 2006年10月26日

30 | **なぜ?**

なぜ地球上の敵対する国々に、我が国の経済を左右されなければならないのでしょうか？　この国のことなど意に介さず、テロとの戦いの双方に資金提供しているような国々に、いったいなぜ１日に８億ドルもの費用をつぎ込むのでしょうか？

――――『San Francisco Chronicle』紙　2006年10月28日

31 | **民主党について**

お互いへの信頼。それがあったからこそ、私は民主党員になったのです。

――――『San Francisco Chronicle』紙　2006年10月28日

32 | **政治家としても人間としても**

私は思いたいのです。自分はためになるメッセージを持っていて、人々のために貢献できると。そうでなければ、『The Audacity of Hope』を書いていなかったでしょう。そのメッセージが何であれ、それを伝えるためのメッセンジャーとして自分が相応しいのだろうかという疑問はあります。そしてその問いには明確な答えがありません。なぜならほかの政治家たちと同様に、私には長所もあれば短所もあるからです。政治家としても、人間としても。

――――――――――『New Yorker』誌　2006年10月30日

33 | 負けることへの恐怖

政治における最大の問題は、（選挙で）負けることへの恐怖です。これは公的な立場であるが故の問題であって、ほとんどの人は経験しなくてもいいことです。

――『New Yorker』誌　2006年10月30日

34 | 準備ができている人とは

（大統領になるための）準備ができている人というのは、自分の仕事の重大さを理解した上で従事し、ビジョンと判断力を併せ持つことができる人のことです。そして関連情報を熟知していることが重要です。私はおそらくいまの政権にはなじめないでしょう。十分な情報こそが、政策を支える確かな基盤になると本気で考えるタイプの人間ですから。

――『New Yorker』誌　2006年10月30日

35 | 新大統領にとって最も重要なこと

新しい大統領にとって最も重要なのは、トルーマンやアチソン、マーシャルやケナンによって構築された第二次世界大戦後の治安体制をいかにアップデートすればよいか、それを本質的に理解することです。

――『New Yorker』誌　2006年10月30日

36 | 予算編成

予算編成はとりわけ規律を欠いていて、不透明な部分が実に多いです。どの上院議員も、いま自分が何に対して投票しようとしているのか非常に理解し難い状況になっています。予算問題のこととなるといつもそうなります。予算案は、モンスター級に馬鹿でかい法案です。予算編成のプロセスをコントロールしている人たちは、自分たちに都合のいいように法案に手を加え、操作し、思惑どおりに事を進めることができるのです。

――『New Yorker』誌　2006年10月30日

37｜出馬の暁には

選挙のプロセスは長く厳しいものですが、もし私が（大統領選に）出馬するようなことがあれば、自分の力量をうまく示すことができると確信しています。

――『Sunday Times Magazine』誌　2006年11月5日

38｜既成概念の枠を超える

建国以来、アメリカの政治は伝統的に改革主義であり、革命的ではありませんでした。つまり、政治的指導者が何かを成し遂げるためには、時代の先端にいるのが理想的ではあるけれど、あまり先を行きすぎてはならないということです。私は既成概念の枠を超えたいと思っています。しかし政治的弱者にならぬよう、十分な数の賛同者が必要なのです。

――『Harper's』誌　2006年11月

39 自分の政治的キャリアについて

自分にとってよい結果につながっているのは、進歩的な価値観に忠実に従ってきたことです。そして、そういった進歩的な価値観を実現するための手段について、幅広い分野に目を向けてきたことです。従来のものにとらわれず、あらゆる方面からよいアイデアを得ようとしてきたことです。

――『Washington Post』紙　2006年12月11日

40 真っ当な人たち

根本的にアメリカ人は真っ当な人たちです。一丸となれば、この国を変えることができると信じています。

――『Times of London』紙　2006年12月11日

41 国民のスピリット

注目を浴びるというのは、困惑することももちろんありますが、喜ばしいことだと思っています。この前のニューハンプシャー州の選挙結果[46]には、国民のスピリットが表れていました。いままでとは違う何かを探している、新しい何かを求めているというスピリットです。私の存在は、それを簡潔に言い表したような、象徴や代弁者に近いものになっているのだと思います。

――『Irish Times』紙　2006年12月12日

46）同州は歴史的に共和党優勢だったが、2006年の選挙ではそれが覆った。

42 | どんな大統領になるかについて

私は少なくともこう思っています。運でも、偶然でも、まぐれでもいい。たまたまタイミングが合っただけでもいい。それよりも私には、この国を１つにまとめるための特別な力が備わっているのだろうか。現状を変えるためには、世代的要素も含むであろう現実的で良識的な基本方針のもとに団結する必要があるのだと。

――――――『Chicago Tribune』紙　2006年12月15日

43 | この国の政治の小ささ

私が最も懸念しているのは、この国が抱える問題の大きさではありません。この国の政治の小ささです。アメリカは過去に何度も大きな問題に立ち向かってきました。しかし今日、ワシントンにいる指導者たちは、実践的かつ良識的な方法で一丸となって取り組むという能力を欠いているようなのです。政治はあまりにも無情で党派的な偏りの強いものになっています。そして金と権力によって狂わされています。そのせいで私たちは、解決策を要する大きな問題に取り組むことができなくなっているのです。

――― ウェブサイト「Barackobama.com」　2007年1月16日

44 | 経験が浅くても

いずれ世間は言わなくなるでしょう。私のようなリーグ経験の浅い者にプレイできるわけがないとはね。それはまるで、マジック・ジョンソンやレブロン・ジェームズが１試合30得点をマークし続け、チームが優勝したにもかかわらず、彼らは若すぎるからチームを率いることはできないと言っているようなものなのです。

――『Newsweek』誌　2008年1月4日

45｜私は容認できない

クリントン上院議員は賢い人です。確実に国民の声を代弁してくれることでしょう。しかし、私との最大の相違点は、クリントン上院議員が慣習的なルールをそのまま受け入れているということです。彼女はPAC[47]やロビイストたちから献金を受けています。政治活動がこういった特定の利権団体やロビイストたちによって動かされることを私は容認できません。

――テレビ番組「60 Minutes」　2008年2月7日

47）政治資金を募る団体。

46｜HIV及びAIDSの予防策

HIV及びAIDSの発生件数が著しく上昇している地域において、その発生源に的を絞ることが重要だと考えています。特に若い人たちに対して教育を施し、予防策を講じるのです。思い切った対策に目を向けてみる必要があるということです。例えば注射針の使い回しをやめさせることで、ドラッグユーザたちの間にこの病気が蔓延するのを防ぐことができます。加えて治療プログラムも拡充していかねばなりません。すべて、それなりに費用と時間を要することです。しかし、こういった対策に力を入れるほど、状況はよい方向へ向かっていくのです。

――――オンラインメディア「Politico.com」 2008年2月11日

47 銃所有を巡る措置について

この国には2つの相反する伝統があります。我々アメリカ人は昔から銃を所有してきました。法に従う多くの善良な市民たちが、狩りやスポーツ競技として、あるいは家族を守るために、銃を使用してきたのです。その伝統を認めるのは重要なことでしょう。一方で、街中では不法な拳銃使用による暴力事件も発生しています。地域社会がそういった不法な拳銃を排除しようとするのは当然のことだと思います。問題なのはNRA[48]です。彼らは、どんなに銃を規制したとしても、悲惨な事件を防ぐことにはならないと主張しています。私はそうは思いません。アメリカ人は銃犯罪を減らすことができると思っています。私たちは、憲法修正第2条[49]と人々の伝統をこれまで通り守りつつ、合理的で周到な銃規制措置を講じることができるはずです。

――――オンラインメディア「Politico.com」 2008年2月11日

48）全米ライフル協会。
49）武器保有権を保障する。

48 甘い考え

私はもしかすると初のアフリカ系アメリカ人大統領になるかもしれませんが、だからといって、大統領選に出馬して、最終的に最有力候補のような立場になれるだろうなどと思っていたわけではありません。もしそう思っていたとしたら、その考えは甘かったでしょう。それに、人種の問題が取り上げられることも予想していました。クリントン上院議員にしても、ジェンダー問題が持ち上がることは当然予想していたでしょう。

――――オンラインメディア「Lehrer Online NewsHour」
2008年3月17日

49 それでは何も変わらない

ライト牧師の説教を、選挙が終わるまで毎日すべてのチャンネルで放送し、話題にするのは可能なことです。私がライト牧師の攻撃的な言葉を信じている、共感していると、アメリカの人々は思うのか。選挙戦でただそのことだけを問うことも可能です。あるいは、ヒラリー陣営による何らかの失態を取り上げて、彼女が人種問題を利用して支持を集めようとしていると厳しく非難することもできます。本選では白人男性がみな、政策の内容に関係なく、こぞってジョン・マケインに投票するのではないかと憶測を立てることだってできます。やろうと思えばできるのです。しかし、もしそうしてしまえば、次の選挙でもまた何か別の話題を取り上げて、本筋から外れた議論をすることになるでしょう。その次の選挙でも。またその次の選挙でも。それでは何も変わらないのです。

——— ペンシルベニア州フィラデルフィアでの演説
「A More Perfect Union」 2008年3月18日

50｜過去の世代から受け継がれた格差

私たちは思い出さなくてはなりません。今日、アフリカ系アメリカ人コミュニティに存在する実に多くの格差は、元をたどれば、過去の世代から受け継がれてきた不平等に行き着くのです。奴隷制度と黒人差別という過酷な時代の遺物の下、苦しい思いをした過去の世代から受け継がれたものなのです。

——— ペンシルベニア州フィラデルフィアでの演説
「A More Perfect Union」 2008年3月18日

51｜ライト牧師について

ライト牧師は、優れた資質を備えた人ですが、私は長年にわたって彼との間に大きな意見の不一致を感じていました。とはいえ彼は、キリスト教の信仰へと私を導いてくれた人です。ミシェルと私の結婚式を執り行ってくれた人です。娘たちに洗礼を施してくれた人です。

——— ABC News放送 2008年3月19日

52｜医療保険の提供

私たちは、国民に確実に医療保険を提供しなくてはなりません。そうすれば、病状が進んで初めて救急処置室に運ばれるような人たちを減らすことができるでしょう。短期的に見れば、それなりに費用がかかる方法です。しかし長期的に見れば、予防医療に力を入れるほど、将来的に多額の費用を払う必要がなくなるのです。これが、医療費の高騰を抑える唯一の方法なのです。

―― CNBC放送テレビ番組「Closing Bell」 2008年3月27日

53 経済に関して必要な人物とは

最近になってマケイン上院議員は、自ら提案したガソリン税一時免除に関するエネルギー計画について、主に「心理的メリット」しかないものだと認めました。みなさんよく聞いてください。アメリカにはすでにドクター・フィル[50]がいます。1人いれば十分なのです。経済に関して言えば、私たちが必要としているのは、経済そのものを改善してくれる人物なのです。

――――『Washington Post』紙 2008年7月7日

50）自身のテレビ番組を持つカリスマ心理学者。

アメリカの上院について
知識がある人なら
誰もが分かると思います。
その中で唯一のアフリカ系
アメリカ人であることが、
途轍もなく責任重大だと。

――ウェブサイト「Barackobama.com」

Anybody who knows the U.S. Senate, knows that to be the only African American in that body is a tremendous responsibility.

編者　リサ・ロガク（Lisa Rogak）
リサ・ロガク【編】
ニューヨークタイムズのベストセラー作家。
40冊以上の本と何百もの新聞や雑誌の記事を執筆。
ニューハンプシャー在住。

訳者　三宅智子（みやけ　ともこ）
神奈川県生まれ、愛知育ち。
診療情報管理士、英語教師を経て、2022年に翻訳業を開始する。

バラク・オバマの生声
本人自らの発言だからこそ見える真実

2024年2月14日　第1刷発行

編　者	リサ・ロガク
訳　者	三宅智子
装　丁	戸倉巌（トサカデザイン）
本文デザイン	高橋明香（おかっぱ製作所）
本文DTP	有限会社天龍社
編集協力＋校正	日本アイアール株式会社
翻訳協力	株式会社アメリア・ネットワーク
編　集	麻生麗子＋平沢拓＋関美菜子（文響社）
発行者	山本周嗣
発行所	株式会社文響社 〒105-0001 東京都港区虎ノ門2-2-5　共同通信会館9F ホームページ　https://bunkyosha.com お問い合わせ　info@bunkyosha.com
印刷・製本	中央精版印刷株式会社

ISBN 978-4-86651-734-6

この本に関するご意見・ご感想をお寄せいただく場合は、郵送またはメール（info@bunkyosha.com）にてお送りください。

写真：Splash/アフロ（P.13）
写真：Reuters/アフロ（P.49）
写真：Reuters/AFLO（P.117、P.255）
写真：AP/アフロ（P.35、P.77、P.105、P.177、P.201）
写真：ロイター/アフロ（P.59、P.231）
写真：アフロ（P.133）

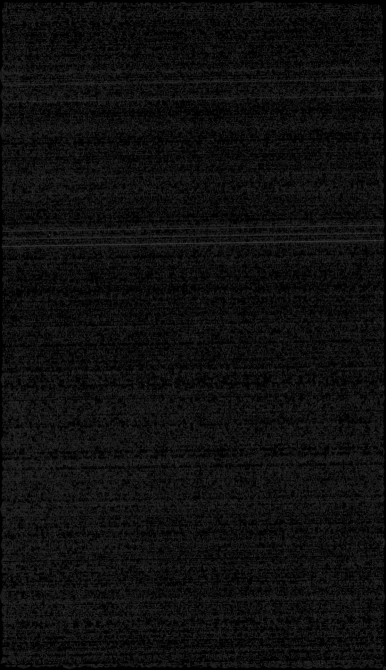